Taller de **escritura creativa**

Taller de ESCRITURA · CREATIVA ·

Berta Hiriart y Marcela Guijosa

PAIDÓS.

Diseño de portada: Ramón Navarro
Diseño de interiores: Iván Castillo Arteaga

© 2003, 2015, Ediciones Culturales Paidós, S.A. de C.V.
Bajo el sello editorial PAIDÓS M.R.
Avenida Presidente Masarik núm. 111, Piso 2
Colonia Polanco V Sección, Miguel Hidalgo
C.P. 11560, Ciudad de México
www.planetadelibros.com.mx
www.paidos.com.mx

Primera edición: 2003
Primera edición en esta presentación: junio de 2015
Quinta reimpresión en esta presentación: junio de 2019
ISBN: 978-607-8406-97-5

Impreso en los talleres de Francisco Javier Rojo Pérez
Calle 5 De Febrero Lote No. 8, Col Centro, Ixtapaluca Estado De México
C.P. 56530, México.
Impreso y hecho en México - *Printed and made in Mexico*

A Elena Cordera Perdomo

Contenido

Presentación

Una tarde lluviosa del otoño parisino de 1912 el comité de lectura de la NRF —ya entonces la revista literaria y la editorial más prestigiada de Francia, y entonces Francia era una sinécdoque del mundo—, decidió discutir la publicación de un manuscrito de mil páginas de lectura pedregosa, dificultada más aún por las abundantes enmiendas y adiciones manuscritas del autor. La discusión, si la hubo, fue cortada de tajo por el juicio derogatorio de uno de los participantes: "Esto está lleno de duquesas; no es para nosotros".

El manuscrito era la primera parte de *A la búsqueda del tiempo perdido* de Marcel Proust y el autor de la demolición fue, con toda apariencia, André Gide. El error monumental entró en la leyenda, lo que autorizaba a mi maestro Antonio Alatorre a enriquecerlo con un suplemento: "¿A quién le importa —habría podido añadir Gide— que un niño esté desesperado porque la madre no le da un beso antes de dormir?".

En todo caso Proust demostró muy pronto que a la legión de lectores de todo el mundo a lo largo de varias generaciones sí le importa la angustia, los celos, el desamparo, la malignidad y la desdicha de ese niño que sufre porque la madre lo olvida por unas horas. Le importan las duquesas, las princesas, el inolvidable barón de Charlus, los diplomáticos, los escritores, los pintores, los soldados... que pueblan À *la Recherche*. ¿Por qué? No sé si el propio Proust lo dijo, pero Alatorre le atribuía el juicio de que no hay vida que no sea susceptible de despertar el interés y aun la pasión de un lector. Por supuesto que –nadie mejor que él lo supo– si está contada de un cierto modo.

En 1980 publiqué *Parejas*, una novela que conoció sus quince minutos de gloria en ese tiempo e incluso mereció el Premio Villaurrutia del año siguiente. Su éxito me hizo ambicionar la escritura de otro libro. Me encontré entonces con que no sabía cómo hacerlo. En un estado de trance redacté trescientas o cuatrocientas cuartillas. Cuando quise organizarlas la angustia y la impotencia se apoderaron de mí. Terminé entregando al editor un manuscrito informe. *Mitad de la vida* es una novela fallida.

Decidí aprender a escribir.

En esos años había en español unos cuantos libros atractivos pero desesperantemente inútiles para mi propósito. Los testimonios de los grandes escritores respecto del oficio son siempre envidiables y constituyen lecciones extraordinarias... para entender mejor sus empresas, no las propias dificultades. Entonces supe que Raymond Carver, uno de los grandes cuentistas norteamericanos, sociedad de grandes cuentistas, había aprendido el oficio con John Gardner, maestro de *escritura creativa*, un concepto algo extraño que se ha aclimatado en español. Me precipité sobre los libros de Gardner, que son endiabladamente difíciles y hermosos. Con ello supe que en Estados Unidos menudeaban los talleres de escritura y que había textos de técnica con títulos tan sugerentes como *Cómo crear emociones y caracteres*, *Cómo escribir diálogos*, *Manual de escritura de cuentos*, *Cómo escribir y vender tu primera novela*; cuadernos de ejercicios; manuales para escribir biografías, etcétera.

Desde la infancia fui un gran lector y supuse que el ejemplo de los escritores que admiraba garantizaría mi propio oficio. Estos manuales y guías curaron mi arrogancia y hasta me infundieron un poco de humildad, de tal manera que unos años después pude escribir un libro de cuentos menos olvidable que la última novela. Pero ya era demasiado tarde: la necesaria ambición y energía para empeñarme en la disciplina necesaria se habían desgastado con los años; las necesidades de la vida me llevaron por un camino distinto no menos apasionante, pero lo aprendido en los grandes poetas, novelistas, cuentistas, ensayistas; lo entendido en los estudios críticos y en los libros de estudio de la *techné* literaria siguen prestándome su orientación tanto para leer como para escribir y aun para vivir.

He leído muchos libros escritos por mexicanos; la inmensa mayoría son culpables de torpeza. De hecho, muchísimos textos mexicanos contemporáneos (y lo extendería el juicio al mundo hispánico) carecen de la calidad mínima que puede observarse en una buena parte de los escritos europeos o norteamericanos. La habilidad para escribir es quizá un don, como lo es jugar al futbol o al billar, o tocar algún instrumento musical. Pero esa capacidad no depende menos de una buena enseñanza y de una disciplina constante, y ciertamente nunca sabremos si tenemos el don, pero sí sabemos que hoy escribimos una página o no, que hoy fuimos capaces, o no, de terminar un cuento o una novela o un ensayo.

En español hay todavía muy pocos textos eficientes de ayuda para quien esté dispuesto a invertir una parte de su tiempo en la escritura de cualquier cosa. Este *Taller de escritura creativa* es uno de ellos. Su apariencia sencilla no debe llamar a engaño, es solo un estímulo para que nos dejemos engatusar y entremos en la disciplina necesaria y poco a poco nos sintamos cada vez más capaces de inventar situaciones, "hablar" de nuestra vida o de la de otros con esa cualidad aterciopelada, metafórica y extraordinariamente expresiva, que tiene la prosa de Proust. ¿Por qué no? Tal vez, si asistimos asidua y pacientemente a este *Taller*, seamos capaces de transmitir la angustia, los celos, el desamparo, la malignidad y la desdicha con que los buenos escritores construyen a sus personajes.

Berta Hiriart y Marcela Guijosa nos enseñan con una gran habilidad el secreto de una de las frases mayores de Aristóteles: "Aquello que debemos aprender antes de hacer, lo aprendemos haciendo".

JAIME DEL PALACIO

Introducción (2015)

La idea de actualizar este *Taller de escritura creativa*, publicado en 2003 y reimpreso en 2006, es añadir algunas de los innovaciones literarias de los últimos años. ¿Tanto ha cambiado el campo de las letras en apenas algo más de una década? No y sí. Los principios fundamentales son los mismos que ya intuyeron los antiguos, pero las formas de expresión, los estilos se ven modificados por los cambios sociales y tecnológicos de cada época, y el nuevo milenio llegó con una cauda de sucesos. La revolución informática y la creciente globalización, por mencionar algunos, poco a poco han propiciado nuevas maneras de aproximarse a la escritura.

Resulta emocionante dar comienzo a un viaje en el que esperamos la participación de muchas personas, en especial las que comparten el gusto por la literatura y el deseo de escribir. No hay mayor requisito para embarcarse que las ganas y la disciplina para trabajar en este taller de escritura creativa. Maestros, amas de casa, jubilados, estudiantes y gente dedicada a los más diversos oficios: son todos bienvenidos a esta exploración. Las autoras deseamos que esta sea placentera y que, al final, cada participante cuente con una caja interna de herramientas que le ayuden a expresar por escrito sus sentimientos, experiencias, ideas y fantasías.

Este libro no es un manual de redacción. Está pensado como un taller de creación literaria. Puede ser un viaje estrictamente privado y personal, pero también servirá de guía si algún lector decide formar un grupo y quiere reunirse cada semana con sus amigos para leer y escribir. Creemos que también puede resultar útil para los maestros que deseen intentar con sus estudiantes un acercamiento distinto, divertido y emocionante, a la literatura.

El recorrido consistirá en ir viendo y reconociendo los elementos básicos de la escritura. Cada sesión tratará un tema específico. Habrá una presentación, algún ejemplo y uno o más ejercicios a realizar. Pasar con cuidado por todos los aspectos es importante, pero en un taller lo fundamental es la práctica. Solo se aprende a escribir escribiendo y leyendo. De modo que cada uno de ustedes tendrá que abrir espacio y tiempo en medio de la cotidianidad para estas actividades. Unas horas semanales de soledad concentrada en las palabras del texto en turno.

Sin embargo, no es cosa de emprender el viaje con temor o nerviosismo, pues no se trata de hacer las cosas "bien", sino de hacerlas en el disfrute de la creación y el aprendizaje. Solo después de varios meses o años de escritura y lectura continuas, cada quien irá hallando su propia voz, su propio estilo. Dejemos que esto suceda con naturalidad, y mientras tanto centrémonos en el reto que implica cada nuevo elemento. La literatura, como todo arte, tiene una gran dosis de juego. Al abordarla como tal, el proceso cobrará mayor intensidad que si la convertimos en un acto solemne. Claro que para jugar –igual que en el dominó, el futbol o el ajedrez– hay que conocer las reglas, pues paradójicamente en ellas se halla la gracia y la libertad.

Esas reglas pueden romperse o modificarse. De hecho, así es como algunos escritores logran innovar, o revolucionar incluso, la literatura. Pero deben primero conocerse y practicarse. Si sabemos algunos trucos para hacer una buena descripción, si enfrentamos la dificultad de componer un soneto, si entendemos cuál es la diferencia entre un cuento y una crónica, estaremos más cerca de lograr escribir exactamente como deseamos.

Entrégate pues, lector y próximo escritor, a cada capítulo. Si te surgen dudas, quizás encuentres las respuestas unas páginas más adelante. Y si no, siempre es posible consultar otros libros: diccionarios, manuales de gramática y de redacción, tratados sobre los diversos géneros. Al final hallarás una bibliografía, un glosario y datos biográficos de los autores mencionados a lo largo del libro, que podrán servirte de guía. Finalmente, se trata de un aprendizaje que nunca termina. Este libro es solo un comienzo, una puerta.

Sesión 1 / **Las palabras**

Comencemos por el principio, que en nuestro caso se encuentra en la palabra. Es ella nuestra materia prima. Como la madera al carpintero, las palabras serán para nosotros aquello que nos otorga expresión. Claro que las palabras ya son hasta cierto punto nuestras. Las usamos a diario. Pero a quien acude a un taller de escritura creativa, el lenguaje directo de todos los días no le basta. Si le bastara, simplemente se pondría a escribir. Sin embargo, acude al taller porque desea hallar otro modo de utilizar las palabras, un modo artístico. Es decir, que si volvemos al ejemplo del carpintero, una cosa es poder clavar dos tablas, y otra, muy distinta, ser capaz de construir una mesa de patas curvilíneas y cubierta labrada. Lo mismo sucede con el lenguaje. La forma directa nos sirve para pedir a nuestro compañero que nos pase la sal, pero no para comunicar cómo caía la noche, exactamente cómo caía, en el momento en que murió nuestra madre. Para expresar emociones complejas de un modo que conmueva a un posible lector, necesitamos echar mano del lenguaje literario, que es aquel que elige cada palabra, cada signo, cada enlace, para nombrar con verdad y con belleza. No con una belleza determinada, dado que el gusto se rompe en géneros y hay tantos estilos como escritores, sino con la que cada persona encuentre para expresar su yo único e irrepetible.

Vale la pena explicar aquí que forma y contenido son dos aspectos indisolubles de las palabras. En la moderna jerga de los lingüistas, se llama a la forma *significante*, y al contenido, *significado*. Sin embargo, no hay que preocuparse por dichos términos. La forma se refiere a las letras, la musicalidad, el ritmo de la palabra, digamos al cómo se ve y cómo se oye, mientras que el contenido alude a aquello de lo que trata la palabra. Por ejemplo, si sentados frente a nuestra computadora, leemos la palabra *mar*, dos aspectos de "mar" acuden a nuestras mentes: su brevedad y contundencia encerrada en tres letras y el agua extendida hasta el horizonte en movimiento continuo. No podemos separar ambos aspectos. Y ambos deben considerarse a la hora de escribir, de modo que es preciso preguntarnos: ¿qué quiero decir y cómo lo quiero decir? Como cuenta el poeta chileno Gonzalo Rojas:

> Entonces oí de alguno de mis hermanitos esa palabra: relámpago. Al decir mi hermanito *relámpago* —ese tetrasílabo esdrújulo—, paré la orejita de niño y me maravilló tanto como si esa palabra contuviera más significado para mí que el ruido, la fuerza, el zumbido

y el destello mismo del relámpago. Diríamos que la palabra *relámpago* me fue más relámpago que el relámpago. En ese momento descubrí el portento de la palabra.

En el lenguaje directo, que es con el que nos comunicamos de manera cotidiana, el énfasis está puesto en el contenido. Si alguien dice: "Hay que perder el miedo a las palabras y usarlas como queramos", comprendemos de qué nos habla y con eso nos basta. Pero en el lenguaje literario, en tanto experiencia estética, pesan lo mismo la forma y el contenido; podría decirse que la forma decide el impacto que nos produce un texto. Veamos cómo desarrollan la misma idea dos grandes escritores, qué palabras eligen, cómo las hilan y hacen resonar.

• • •

Lecturas

LA PALABRA
Pablo Neruda

Todo lo que usted quiera, sí señor, pero son las palabras las que cantan, las que suben y bajan... Me prosterno ante ellas... Las amo, las derrito... Amo tanto las palabras... Las inesperadas... Las que glotonamente se esperan, se acechan, hasta que de pronto caen... Vocablos amados... Brillan como piedras de colores, saltan como platinados peces, son espuma, hilo, metal, rocío... Persigo algunas palabras... Son tan hermosas que las quiero poner todas en mi poema... Las agarro al vuelo, cuando van zumbando, y las atrapo, las limpio, las pelo, me preparo frente al plato, las siento cristalinas, vibrantes, ebúrneas, vegetales, aceitosas, como frutas, como algas, como ágatas, como aceitunas... Y entonces, las revuelvo, las agito, me las bebo, me las zampo, las trituro, las emperejilo, las liberto... Las dejo como estalactitas en mi poema, como pedacitos de madera bruñida, como carbón, como restos de naufragio, regalos de la ola... Todo está en las palabras... Una idea entera se cambia porque una palabra se trasladó de sitio, o porque otra se sentó como una reinita adentro de una frase que no la esperaba y que la obedeció... Tienen sombra, transparencia, peso, plumas, pelos, tienen de todo lo que se les fue agregando de tanto rodar por el río, de tanto transmigrar de patria, de tanto ser raíces... Son antiquísimas y recientísimas... Viven en el féretro escondido y en la flor apenas comenzada... Qué buen idioma el mío, qué buena lengua heredamos de los conquistadores torvos... Estos andaban a zancadas por las tremendas cordilleras, por las Américas encrespadas, buscando patatas, butifarras, frijolitos, tabaco negro, oro, maíz, huevos fritos, con aquel apetito voraz que nunca más se ha visto en el mundo... Todo se lo tragaban, con religiones, pirámides, tribus, idolatrías iguales a las que ellos traían en sus grandes bolsas... Por donde pasaban quedaba arrasada la tierra... Pero a los bárbaros se les caían de las botas, de las barbas, de los yelmos, de las herraduras, como piedrecitas, las palabras luminosas que se quedaron aquí resplandecientes... el idioma. Salimos perdiendo... Salimos ganando... Se llevaron el oro y nos dejaron el oro... Se llevaron todo y nos dejaron todo... Nos dejaron las palabras.

(De *Confieso que he vivido*)

LAS PALABRAS
Octavio Paz

Dales la vuelta,
cógelas del rabo (chillen, putas),
azótalas,
dales azúcar en la boca a las rejegas,
ínflalas, globos, pínchalas,
sórbeles sangre y tuétanos,
sécalas,
cápalas,
písalas, gallo galante,
tuérceles el gaznate, cocinero, desplúmalas,
destrípalas, toro,
buey, arrástralas,
hazlas, poeta,
haz que se traguen todas sus palabras.

(De *Puerta condenada*)

• • •

Tesoros de palabras

Las palabras de nuestro idioma se encuentran contenidas en los diccionarios. La última edición del *Diccionario de la Lengua Española* recoge 93 111 palabras, de las cuales los hablantes utilizamos una mínima parte. Hemos empobrecido nuestro vocabulario de tanto usar palabras ambiguas y de tanto ser parte de un mundo globalizado en lengua inglesa. Si esto es triste en una persona que solo aspira a comunicarse en forma directa, para alguien que desea escribir literatura constituye un obstáculo. No infranqueable, por cierto, pues los diccionarios están ahí para ser utilizados y enriquecer nuestras posibilidades expresivas. Aquí cabe aclarar que la Academia de la Lengua Española se esfuerza por añadir las palabras que van quedando establecidas por el uso generalizado. Por ejemplo, en la nueva edición del diccionario que dicha institución elabora, aparecen ya palabras como *tuitear, wifi* y *amigovio(a)*.

Hay, además de este, muchos otros tipos de diccionarios: de sinónimos, de mexicanismos, etimológicos... Si aún no hay uno en tu casa, consíguelo. Te hará falta en este viaje. Acuérdate de que, además, ahora existe una gran cantidad de diccionarios y otras herramientas en internet.

Comencemos a disfrutar buscando los términos que utiliza Neruda para calificar a las palabras. Por ejemplo, ¿cómo será una palabra *ebúrnea*?

También es el momento de comprar un cuaderno especial que ha de acompañarte de ahora en adelante, de día y de noche. Tu diario de escritor. Nadie más que tú va a leerlo, así que puedes soltarte el pelo. El material que vayas reuniendo, si escribes tus experiencias, tus sueños, tus observaciones de lo que te rodea, será fuente de inspiración para algún texto futuro. Se trata de una tarea de almacenamiento de material, que dejará de estar perdido en los rincones de la memoria, y que quedará atrapado en palabras. Allí estarán tus verdaderos temas, tu verdadera voz.

Tarea

Como suponemos que ardes de deseos por escribir, te proponemos un primer ejercicio

a)

Haz una lista de veinte palabras que de algún modo hablen de ti, ya sea que describan características físicas o psicológicas de tu persona, que nombren alguno de tus hábitos o que se refieran a objetos que utilizas con frecuencia. Intenta ser concreto y mencionar rasgos que te gusten y que te desagraden.

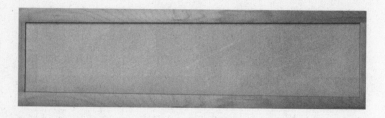

b)

Ahora, a escribir se ha dicho: Redacta un autorretrato, que incluya algunas de estas palabras. Si te hace falta para la coherencia del texto, puedes cambiar el género (femenino o masculino) o el número (singular o plural) de algunos términos, o bien conjugar los verbos.

La herramienta fundamental de los cinco sentidos

Entremos ahora a un nuevo tema. ¿De qué echamos mano para escribir un recuerdo? De la memoria y de las palabras, por supuesto. Pero, ¿qué clase de memoria?, ¿qué clase de palabras?

Memoria

Cierro los ojos y me miro a los cinco años: cabello castaño peinado a la Príncipe Valiente; vestido vaporoso que deja al aire unas rodillitas raspadas y dolientes; olor de mazapán.

El recuerdo llegó en forma de datos guardados por la memoria sensorial: un color, una sensación en las rodillas, un aroma. Y es que el mundo nos entra por la vista y el tacto, por el olfato, el gusto y el oído. Eso ya lo sabemos, has de decir tú; pero, ¿cuánta conciencia tenemos de nuestros sentidos en la vida diaria? Nuestra mente, ocupada en miles de asuntos, rara vez se da tiempo para atender las texturas con las que la piel está en contacto o los sonidos que nos llegan, de lejos y de cerca. Pero quien desea escribir necesita ser capaz de detectar las sensaciones. Porque los sentidos son las puertas a la emoción y al pensamiento. De modo que el lector alcanzará a sentir lo mismo que nosotros en la medida en que podamos transmitirle nuestra percepción de las cosas con palabras precisas.

Palabras

La escritora mexicana Ethel Krauze nos habla de tres principales tipos de palabras, relacionadas con tres niveles de desarrollo de la lengua:

> *Primer nivel: palabras onomatopéyicas.* La primera forma de comunicarse con otros seres humanos se da imitando el sonido de las cosas que deseamos nombrar. Así sucedió con nuestros ancestros e igual ocurre con los bebés contemporáneos. Al llamar *guaguá* al perro, el niño logra aludir al animal imitando su ladrido. Hay muchas palabras que tienen este origen. Por ejemplo, la palabra *susurro* implica en su sonido un susurro. Lo mismo pasa con *silbido, trueno, cacareo.* ¿Se te ocurren otras?
>
> *Segundo nivel: palabras simbólicas.* Pasados ciertos estadios de la evolución, la onomatopeya no basta para comunicarse. Pues, ¿qué sonido produce una mesa o una zanahoria? Entonces, hizo falta convenir, entre los miembros de una comunidad, qué nombre darle a las cosas silenciosas. Es decir, fue preciso inventar palabras que simbolizaran los objetos y los hechos. Los bebés humanos ya las encuentran rodando por el mundo, así que solo tienen que aprenderlas, y son, por cierto, las primeras que aprenden por su utilidad y

concreción: *agua, mamá, leche, dormir, frío*. Palabras que nombran cosas o acciones que coinciden con la temprana percepción de los sentidos. Por eso poseen una fuerza capaz de producir emociones y por ello, también, gustan tanto a los poetas.

Tercer nivel: palabras abstractas. El desarrollo del ser humano implica una mayor complejidad del pensamiento. En cierto punto, se vuelve imprescindible contar con palabras que nombren conceptos abstractos, imposibles de tocar y oler, como *filosofía, crítica, sexismo*; también son necesarias las palabras que ayudan a estructurar las ideas, palabras vacías de contenido, pero eficaces para enlazar, como las conjunciones y las preposiciones. Por ejemplo: si leemos *que* en forma aislada, no logramos imaginar ni entender cosa alguna. Porque *que* es más bien un signo abstracto, como los de interrogación o el punto y coma. No por esto vamos a despreciarla; resulta muy útil cuando está en medio de otras palabras.

Pero, ¡cuidado! Un exceso de palabras del tercer nivel provoca textos inflados y confusos. En 1981, la revista española *El Viejo Topo* publicó un juego humorístico inventado por estudiantes polacos que deseaban probar el vacío de los discursos políticos. Se trata de una lista de fórmulas que puede leerse en cualquier orden, y en todos parece decir algo, sin decir nada (ve el cuadro). Pruébalo tú mismo: toma una fórmula de la primera columna, enlázala con cualquier otra de la segunda, y así hasta llegar a la cuarta. Ensaya varias combinaciones.

I	II	III	IV
Queridos colegas	la realización del deber	obliga al análisis	de las condiciones
Por otra parte	la complejidad de los hechos	ayuda a la preparación	del desarrollo futuro
Asimismo	el aumento de actividad	exige la precisión	del sistema participativo
Sin embargo	la estructura actual	cumple en la formación	de nuevas propuestas
De igual manera	el inicio de la acción general	facilita la creación de admirables modelos	de admirables modelos

La literatura pretende lo contrario de esta vacuidad. Quiere nombrar situaciones cargadas de vida. Intenta, por lo tanto, utilizar un mínimo de palabras abstractas, o muy generales, que por querer abarcar mucho no dicen nada y, en cambio, trata de echar mano de términos del segundo nivel –verbos, sustantivos concretos referidos a cosas perceptibles.

Lee ahora con cuidado el siguiente texto y observa qué palabras utiliza el autor y qué te sucede.

...

Lectura

EL ORDEN DE LOS ESCAMADOS
Italo Calvino

La sala de las iguanas del Jardín de Plantes con sus vitrinas iluminadas, donde reptiles en duermevela se esconden entre ramas, rocas y arena de su selva originaria o del desierto, espejea el orden del mundo [...]. ¿Es este ambiente, más que los reptiles en sí, lo que oscuramente atrae al señor Palomar? Un calor húmedo y blando impregna el aire como una esponja; un hedor acre, pesado, ligeramente pútrido obliga a contener la respiración; la sombra y la luz se estancan en una mezcla inmóvil de días y de noches; ¿son estas las sensaciones de quien se asoma fuera de lo humano? Del otro lado del vidrio de cada jaula está el mundo anterior al hombre, o posterior, para demostrar que el mundo del hombre no es eterno y no es el único. ¿Para comprobar con sus propios ojos pasa el señor Palomar revista a esos cubículos donde duermen las pitones, las boas, los crótalos del bambú, las culebras arborícolas de las Bermudas? [...]

Como si solo ahora el olor de los reptiles resultase insoportable, el señor Palomar siente de pronto el deseo de salir al aire libre. Debe cruzar la gran sala de los cocodrilos, donde se alinea una fila de estanques separados por barreras. En la parte seca al lado de cada estanque yacen los cocodrilos, solos o en parejas, de color apagado, rechonchos, bastos, horribles, pesadamente tumbados, achatados contra el suelo en toda la extensión de los largos hocicos crueles, de los fríos vientres, de las anchas colas. Parecen todos dormidos, aun aquellos que tienen los ojos abiertos, o tal vez todos insomnes en una desolación atónita, aun con los ojos cerrados. De vez en cuando uno de ellos se sacude lentamente, se eleva apenas sobre las cortas patas, resbala sobre el borde del estanque, se deja caer de panza levantando una ola, fluctúa sumergido a media altura del agua, inmóvil como antes. ¿Es una desmesurada paciencia la de ellos o una desesperación sin fin? ¿Qué esperan o qué han dejado de esperar? ¿En qué tiempo están inmersos? [...] El pensamiento de un tiempo fuera de nuestra experiencia es insostenible. Palomar se apresura a salir del pabellón de los reptiles, que se puede visitar solo de vez en cuando y de pasada.

(Fragmento de *Palomar*)

Como habrás observado, Calvino basa su descripción en los hechos observables por los cinco sentidos. Y es esta tan detallada que uno, como lector, llega a sentir que se encuentra ahí mismo, en el pabellón de los reptiles de algún zoológico. Para lograr tal efecto, antes de aplicarse a escribir, el autor debe haber dedicado atención a las iguanas, las serpientes y a los cocodrilos. Y eso es lo que tenemos que hacer también nosotros: abrir nuestros sentidos. La tarea de hoy se encamina a que ejercites tus capacidades sensoriales.

•••

a)

Durante la semana, dedica atención a lo que perciben tus sentidos. ¿A qué huele ese coche en el que transitas? ¿Qué se escucha en tal oficina mientras esperas tu turno de llegar a la ventanilla? ¿Cómo se deshace un gajo de naranja en tu boca?

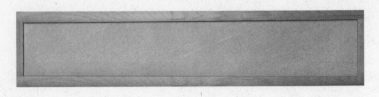

b)

Elige un sitio para hacer una práctica de observación. Puede ser un mercado, un zoológico, un café o el que tú decidas, pero no debe mezclarse con el cumplimiento de tareas cotidianas. Hay que ir armado de cuaderno y pluma para anotar los detalles que nos dicten nuestros ojos, nariz, oídos, lengua y piel. Más tarde, ya en casa y con calma, escribe un texto que haga sentir a tus lectores que están ahí donde tú has ido.

Sesión 3 / **Los acontecimientos de nuestra vida, el alimento de la musa**

El gran escritor estadounidense Ray Bradbury, en un bello ensayo que se llama *Cómo cuidar y alimentar a la musa*, nos hace reflexionar sobre el contenido de nuestra escritura. Acerquémonos a algunas de sus ideas.

Si las palabras son la materia con la que vamos a escribir, los acontecimientos de nuestra vida serán el enorme almacén al cual podemos acudir, siempre, como punto de partida para la literatura. ¿Qué palabras elegiremos, en qué orden, con qué sentido? ¿Qué puedo contar, qué quiero decir? ¿Sobre qué tema escribiré?

Del mismo modo en que durante toda nuestra vida, al ingerir agua y comida, nos hemos ido volviendo más grandes y más fuertes y hemos crecido, construyendo nuevas células, también, a lo largo de nuestra existencia, nos hemos nutrido con sonidos, visiones, olores, sabores y texturas de la gente, de los animales, de los paisajes y de los acontecimientos, pequeños o grandes, que nos han sucedido. Nos llenamos de estas experiencias y de nuestras reacciones ante ellas. Dentro de nosotros, dentro de nuestro inconsciente, no solo están los hechos y los nombres y las fechas, sino también están las emociones que nos acercan a lo vivido o nos pretenden alejar de ello.

Estos son los materiales de los cuales nuestra musa se alimentará. Ese enorme archivo de experiencias constituye el corazón mismo de nuestro ser individual: es el material del que está hecha la originalidad. Gracias a esta materia, cada ser humano es único y diferente a todos los demás. Un mismo tema, o una experiencia común, serán vistos, sentidos, tratados y dichos de maneras muy distintas por distintas personas. Y cada vez que alguien escriba honestamente y con verdad, desde ese centro, estará en el camino de la buena literatura.

No desprecies tu experiencia. Todo lo que has vivido puede tener valor para tu escritura. No des la espalda a las cosas con las cuales creciste: aquellas que te entusiasmaron, las que te aburrieron, las que has odiado o las que has amado. No hay temas sin importancia, no hay vidas sin importancia. Cualquiera que sea el género que abordes –cuento, autobiografía, poesía, novela, ensayo–, el punto de partida siempre será tu propia experiencia.

En el caso de que quieras escribir ficción, tus personajes tendrán corazón y vida si te apoyas en las verdades de tu propio corazón y de tu propia vida.

Y no olvides que la musa también necesita un lugar adecuado en donde vivir: una forma. Necesitarás mucho trabajo, miles de palabras escritas, muchos ejercicios, horas y horas de releer y corregir y pulir tus textos, para que el lenguaje y sus técnicas no sean un impedimento para escribir, sino al contrario.

Estos son los dos elementos que necesita tu musa. Recuérdalo: su alimento es tu experiencia con todas sus pasiones; su habitación está hecha de trabajo.

Mira este ejemplo: varios autores han escrito textos a partir de la frase "Me acuerdo". El primero, en 1970, fue el estadounidense Joe Brainard. Te entregamos un fragmento de su libro, llamado precisamente *Me acuerdo*:

Me acuerdo de esas veces en que no sabes si estás muy feliz o muy triste.

Me acuerdo de arrepentirme de no haber hecho cosas.

Me acuerdo de desear haber sabido antes lo que sé ahora.

Me acuerdo de las amapolas rojas silvestres de Italia.

Me acuerdo de los días lluviosos a través de la ventana.

Me acuerdo de la dulzura de Marilyn Monroe en *Los inadaptados*.

Me acuerdo de los sonidos de las retransmisiones de beisbol que llegaban desde el garaje los sábados por la tarde.

Me acuerdo de los pueblos vacíos. De las lunas tintadas de verde. Y de los carteles de neón justo cuando se apagan.

Otros autores se han sentido tentados a escribir sus recuerdos de esta misma manera. Georges Perec, en 1978, y Margo Glantz, en 2014. Esta autora declara haberse inspirado en los tuits, breves mensajes electrónicos con un máximo de 140 caracteres, hoy ampliamente utilizados.

Tarea 1

Escribe una lista de quince oraciones que comiencen con "Me acuerdo". Alguna quizá te pueda después servir como motor de una crónica, un cuento, un poema o una obra de teatro.

Ahora, te invitamos a leer este texto de la escritora chicana Sandra Cisneros.

...

Lectura

CHANCLAS
Sandra Cisneros

Soy yo, Mamá, dice Mamá. Yo abro y allí está ella con bolsas y grandes cajas, la ropa nueva y sí trajo las medias y un fondo que tiene una rosita y un vestido de rayas blancas y rosas. ¿Y los zapatos? Los olvidé. Ya es muy tarde. Estoy cansada. ¡Uf! ¡Uf, híjole!
Son ya las seis y media y el bautizo de mi primito terminó. Todo el día esperando, la puerta cerrada, no le abras a nadie, y yo no hasta que Mamá regresa y compra todo, excepto los zapatos.

Ahora el tío Nacho llega en su carro y tenemos que apurarnos a llegar a la Iglesia de la Preciosa Sangre rápido porque allí es la fiesta del bautizo, en el sótano rentado este día para bailar y tamales y los escuincles de todos corriendo para todos lados.

Mamá baila, ríe, baila. De pronto Mamá se enferma. Abanico su cara acalorada con un plato de cartón. Demasiados tamales, pero tío Nacho dice demasiado de esto y se empina el pulgar entre los labios.

Todos ríen menos yo, porque estoy estrenando el vestido de rayas rosa y blanco, y nueva ropa interior, y nuevos calcetines, con los viejos zapatos café con blanco que llevo a la escuela, como los que me entregan cada septiembre porque duran mucho, y sí duran. Mis pies desgastados y redondos y los tacones bien chuecos que se ven estúpidos con este vestido, así que nomás aquí sentada.

Mientras tanto ese muchacho que es mi primo de primera comunión o de algo, me pide que baile y no puedo. Únicamente escondo mis zapatos bajo la silla plegadiza de metal que dice Preciosa Sangre y despego un chicle café que está pegado debajo del asiento. Sacudo mi cabeza: No. Mis pies van haciéndose grandes y más grandes.

Entonces el tío Nacho jala y jala mi brazo y no importa qué tan nuevo es el vestido que Mamá me compró, porque mis pies están feos, hasta que mi tío que es un mentiroso dice: tú eres la más bonita de todas aquí, vas a bailar. Y yo le creo y sí, estamos bailando, mi tío Nacho y yo, aunque al principio no quiero. Mis pies se hinchan como chupones pero yo los arrastro hasta el centro del piso de linóleo donde mi tío quiere presumir el baile que aprendimos. Y mi tío me hace girar, y mis brazos flacos se doblan como él me enseñó, y mi madre mira, y mis primitos miran, y el muchacho que es mi primo de primera comunión mira, y todo mundo dice ¡guau! ¿quiénes son esos que bailan como en el cine?, hasta que se me olvida que traigo zapatos de diario café con blanco de los que compra mi mamá cada año para la escuela.

Y todo lo que oigo son los aplausos cuando la música se detiene. Mi tío y yo hacemos una reverencia y él me acompaña con mis gruesos zapatos a mi madre que se siente orgullosa de ser mi madre. Toda la noche el muchacho que ya es un hombre me mira bailar. Me miró bailar.

(Fragmento de *La casa en Mango Street*)

Al escribir un recuerdo, lo podemos hacer usando el tiempo pasado. **"Ese día fuimos** al bautizo de mi primo". Cuando narramos cosas que sucedían habitualmente, empleamos el copretérito. "Mis padres y yo íbamos todos los domingos a la iglesia". Sin embargo, el pasado también puede ser escrito en **presente**. Fíjate cómo Sandra Cisneros lo hace de esta manera. Con esto logra que lo narrado parezca más vivo, como si ahora mismo estuviera sucediendo. Algunos autores lo llaman *presente histórico*, y se utiliza muchas veces en textos históricos o biografías ("Benito Juárez **nace** en San Pablo Guelatao, en 1806").

También observa cómo el lenguaje y la perspectiva de la narradora es la de una niña.

• • •

1.

Anota en tu cuaderno un breve comentario del texto
de Sandra Cisneros.

2.

Escribe un texto de dos cuartillas recreando un
momento de tu infancia que tenga que ver con unos
zapatos. Trata de escribirlo en presente.

Una cuartilla

se considera una hoja tamaño carta, escrita a máquina o en
computadora, a doble espacio. Como los tipos de letra pueden variar
mucho en tamaño, sobre todo en nuestras computadoras, fíjate en lo
siguiente: tu hoja debe tener 28 o 29 renglones, y cada renglón debe
tener de 60 a 65 *golpes* o caracteres, contando espacios, signos de
puntuación y letras.
Si eliges un tamaño de letra de 12 puntos (o tal vez de 14) y le pones
un interlineado de 1 1/2, casi seguramente te quedará. Ajusta tus
márgenes de tal manera que tu renglón tenga 65 golpes. En una
cuartilla caben más o menos 350 palabras o entre
1 700 y 1 900 caracteres.

Tarea 3

Alimenta a tu musa: da un paseo inusual, lee un poema, visita a un familiar anciano, explora una librería. Por supuesto, cuaderno en mano.

¿**D**e qué escribiremos hoy? Sobre algo elemental. Literalmente, hoy vamos a escribir sobre cualquier cosa. Para inspirarnos, vamos a leer varios ejemplos.

. . .

Lecturas

LAS COSAS
Jorge Luis Borges

El bastón, las monedas, el llavero,
la dócil cerradura, las tardías
notas que no leerán los pocos días
que me quedan, los naipes y el tablero,
un libro y en sus páginas la ajada
violeta, monumento de una tarde
sin duda inolvidable y ya olvidada,
el rojo espejo occidental en que arde
una ilusoria aurora. ¡Cuántas cosas,
limas, umbrales, atlas, copas, clavos,
nos sirven como tácitos esclavos,
ciegas y extrañamente sigilosas!

Durarán más allá de nuestro olvido;
no sabrán nunca que nos hemos ido.

ODA A LA CEBOLLA
Pablo Neruda

Cebolla,
luminosa redoma,
pétalo a pétalo
se formó tu hermosura,
escamas de cristal te acrecentaron
y en el secreto de tu tierra oscura
se redondeó tu vientre de rocío.
Bajo la tierra
fue el milagro
y cuando apareció
tu torpe tallo verde,
y nacieron
tus hojas como espadas en el huerto,
la tierra acumuló su poderío
mostrando tu desnuda transparencia,
y como en Afrodita el mar remoto
duplicó la magnolia
levantando sus senos,
la tierra
así te hizo,
cebolla,
clara como un planeta,
y destinada a relucir,
constelación constante,

redonda rosa de agua,
sobre
la mesa
de las pobres gentes.

Generosa
deshaces
tu globo de frescura
en la consumación
ferviente de la olla,
y el jirón de cristal
al calor encendido del aceite
se transforma en rizada pluma de oro.

También recordaré cómo fecunda
tu influencia el amor de la ensalada,
y parece que el cielo contribuye
dándote fina forma de granizo
a celebrar tu claridad picada
sobre los hemisferios de un tomate.
Pero al alcance
de las manos del pueblo,
regada con aceite,
espolvoreada
con un poco de sal,
matas el hambre
del jornalero en el duro camino.
Estrella de los pobres,
hada madrina
envuelta

en delicado
papel, sales del suelo,
eterna, intacta, pura
como semilla de astro,
y al cortarte
el cuchillo en la cocina
sube la única lágrima
sin pena.
Nos hiciste llorar sin afligirnos.
Yo cuanto existe celebré, cebolla,
pero para mí eres
más hermosa que un ave
de plumas cegadoras,
eres para mis ojos
globo celeste, copa de platino,
baile inmóvil
de anémona nevada
y vive la fragancia de la tierra
en tu naturaleza cristalina.

(De *Odas elementales*)

LA PELOTA
Pablo Fernández Christlieb

La pelota no pertenece a la categoría de los utensi-
lios ni a la de los adornos. Viéndola ahí, quietecita,
silenciosa, sola en el patio, se nota que es un objeto
totalmente único, por poseer la forma más simple
que existe: la de una superficie que no tiene ni principio ni fin, y que no embona ni encaja con las demás

cosas de modo que debe estar separada, como isla, y siempre como de pie, en tensión, lista y atenta, lo cual le otorga una cierta monumentalidad sin importar su tamaño; nunca está ahí echadota, y nunca de espaldas. Tampoco es un juguete, porque los juguetes, como los cochecitos, las muñecas, las pistolas o los videojuegos, son cosas de mentiras que se copian de las cosas de verdad, pero no hay pelotas de mentiras porque ni siquiera hay pelotas de verdad: solo hay pelotas. [...] Casi se diría que una pelota no parece ser algo, sino que parece ser alguien, o sea que cae dentro de la categoría de los prójimos o semejantes. Además, las pelotas tienen piel aunque sea de plástico, más bien tersa, y que se sume tantito.

(Fragmento)

ESTAMPAS
Carmen Villoro

Las estampas invaden el patio de la escuela, el piso de las casas, los pasillos de los departamentos, el atrio de la iglesia, la paciencia de los adultos. Por todas partes se aprecia el círculo de niños atentos a los dos que contienden por la montaña de papeles luminosos, el golpe seco de las manos sobre el calor del mediodía. Las estampas, como las canicas, el yoyo o el balero, tienen las propiedades de los objetos mágicos: pequeños y atractivos se guardan en las bolsas del pantalón como si fueran talismanes. En la fantasía del dueño, algunas son más poderosas que otras. Puede ser que la más fea, la más gastada y sucia tenga un valor incalculable porque le ha dado suerte.

[...] Las estampas tienen, como las canicas, el tiempo encerrado. Con el horizonte a ras de tierra, todo puede ser olvidado mientras se juega: las matemáticas, el divorcio de los padres, el aseo de dientes, la tarea. El rito es abordado con toda la congruencia del cuerpo y la mente, con la vehemencia que una pasión exige. No hay pasado ni futuro. Mientras los papeles brincan y salpican la tarde, los niños experimentan un fragmento de eternidad.

Pero no es solo su cualidad de objeto mágico-ritual lo que captura el entusiasmo de los pequeños. El juego de las estampas es también un asunto de habilidad: con la maña se define quién es el poderoso, el más bueno, el que conseguirá no solo más estampas sino más amigos.

(De *El habitante*)

Los cuatro escritores tomaron, como fuente de inspiración, algunos humildes objetos: los libros, las llaves, las cebollas, las pelotas o las estampitas que coleccionan los niños. Los objetos que nos rodean, sean grandes o pequeños, adquieren una importancia especial cuando el ser humano los nombra, los describe, los hace vivir, los pone en relación con su propia intimidad.

Las cosas, además de ser lo que son, frente al escritor se pueden convertir en símbolos de otras muchas realidades. Cualquier objeto, por simple que sea, tiene ciertas características o cualidades que podemos enumerar y que nos asombran o nos maravillan. Nos hacen admirarlas, amarlas, odiarlas; solo se trata de ver con cuidado a esos *tácitos esclavos*. Las cosas nos conmueven y nos mueven a la reflexión. Y si las sabemos oír, nos hablan de otras cosas: las podemos comparar e identificar con otros objetos. Se vuelven signos de algo más. Descubrimos que las cosas tienen lazos secretos con otras cosas. La redondez de la cebolla nos recuerda otras redondeces: la cebolla, entonces, es nombrada en forma metafórica, y es globo y rosa, es planeta, es vientre redondo, es como los bellos pechos de Afrodita.

Cualquier cosa tiene también, dentro, un universo humano. Porque tiene una historia y una finalidad: esa sencilla cebolla es hada madrina de los pobres porque durante siglos ha calmado su hambre en tiempos de escasez o de guerra; es alegría y sorpresa en nuestras ensaladas, es rizo de oro en el aceite, es esa amiga que nos hace llorar en la cocina.

Las flores guardadas en un libro pueden ser al mismo tiempo inolvidables y olvidadas. Las estampas que coleccionan los niños son más que papelitos de colores: son talismanes, objetos mágicos, encierran el tiempo, nos dan poder...

...

Antes que nada, te recomendamos encarecidamente que leas los textos anteriores en voz alta, varias veces, para que los disfrutes a fondo y tomes conciencia de la música, del ritmo, de la armonía de las palabras elegidas.

Después, escribe sobre cualquier objeto simple, elemental, cotidiano. Míralo bien, observa qué cualidades tiene, y cántale, celébralo, dile todas las alabanzas que se te ocurran, escucha su lenguaje mudo, fíjate a qué se parece, agradece su existencia.

El proceso de creación lleva varios pasos. Al principio, el panorama es negro, caótico, no tenemos idea. Crear implica pasar de ese estadio a un texto acabado, un texto que antes no existía y ahora sí, como en un acto de magia en el que de un sombrero vacío surge un conejo. Pero no hay magia en la literatura: hay trabajo. El dramaturgo inglés Bernard Shaw decía que la literatura lleva un diez por ciento de inspiración y un noventa por ciento de transpiración.

Cuando leemos un libro bien escrito podemos tener la sensación de que su hechura debe de haber sido muy fácil. Sin embargo, al echar un ojo a las biografías de grandes autores vemos que no es así. Por ejemplo, León Tolstoi reescribió el novelón *La guerra y la paz* nueve veces, y eso que en sus tiempos no existían las computadoras. Claro que su esposa, como se acostumbraba en el siglo XIX, le ayudó a copiar el manuscrito.

Es posible que enfrentemos un montón de obstáculos para escribir. Pero si en verdad queremos hacerlo, no hay pretextos. Depende de nosotros apropiarnos del tiempo necesario para vivir el proceso creativo completo o conformarnos con textos inacabados.

1. Repasemos el proceso. Decíamos que al principio es el caos. Tenemos apenas una vaga idea de lo que queremos escribir. Supongamos que en un viaje nos impresionaron ciertas particularidades de la gente, tan distintas de las nuestras que nos hacen ver con nuevos ojos la propia realidad. Lo más deseable sería que hubiésemos dado el primer paso escribiendo las impresiones en nuestro diario. Pero si no lo hicimos, ahora es el momento de escribir, sin pensar demasiado, las palabras que acuden a nuestra mente. Por ejemplo:

Ceilán. Ser extranjero, ¿es la mirada de los otros la que nos da esa identidad o son las condiciones distintas a las nuestras? D.H. Lawrence en su paso por Ceilán: anécdota del reloj. ¿A quién se le ocurre ir a Ceilán en abril? Un ventilador es aquí el centro del universo. El calor resulta insoportable para los extranjeros. Mis propios hijos gritándose agresivos. Las hormigas que quieren apoderarse de cualquier cosa, incluso del agua en mi vaso. La mejor hora es por la mañana temprano.

2. El anterior no es todavía un texto, no tiene ilación y los hechos caen en cualquier sitio, sin jerarquía ni coherencia. Pero es un principio: constituye un universo de palabras que nombran ese viaje que hicimos. La siguiente ocasión en que nos sentemos a escribir ya no partiremos de cero, de una página en blanco, sino de las palabras que tenemos en nuestra computadora o nuestro cuaderno. Entonces comenzaremos a darles

forma. Hay que confiar en que nuestro inconsciente ha trabajado ese material salido a la luz en forma espontánea. Sucedió sin darnos cuenta: al poner por escrito nuestras impresiones, estas permanecen cocinándose en nuestra mente, como si fuesen calabacitas al fuego. De modo que cuando volvemos nuestra atención a la olla, de palabras o de calabacitas, nos encontramos en una etapa del proceso distinta de la inicial. Ahora hay que ordenar. ¿Qué va primero y qué va después? Luego, desarrollar los puntos que apenas están esbozados. La intuición es nuestra mejor guía para soltar la pluma (o las teclas). Escribir, escribir, escribir. Al terminar, tendremos nuestro primer borrador.

3. Si no estamos cansados, podemos continuar con el siguiente paso. Si nos sentimos saturados, es preferible dejar el texto en reposo. De todas maneras, lo que ha de suceder es que después de escribir nos convertiremos en lectores críticos de nuestro propio trabajo. A veces ayuda leer en voz alta para sentir la fluidez y los atorones. Y entonces, ¡a podar se ha dicho! Quitemos todas las palabras que no ofrezcan algo importante. No importa que nos suenen bonitas; si no ayudan a describir Ceilán (póngase aquí el lugar al que cada uno viajó) o las peripecias fundamentales del viaje, sobran.

4. ¿Ya acabamos? No. Tenemos ahora una página llena de tachaduras. La última parte del proceso se trata de lograr limpieza y claridad. Es el momento de pulir los detalles, de fijarnos en cada letra y cada coma, hasta dejar un texto que nos complazca porque creemos que dice lo que deseamos decir.

5. El proceso aún puede continuar si hay la oportunidad de mostrar nuestro texto a otras personas y escuchar el efecto que tiene en ellas. No se trata de que debamos darle gusto a todo el mundo, pero ciertos comentarios pueden hacernos ver algo que habíamos pasado por alto. Si participamos en algún taller, esta etapa es importante porque apenas estamos familiarizándonos con las herramientas del lenguaje. Tal vez creemos que decimos algo que en realidad se entiende de otro modo. Los amigos lectores nos dan ese tipo de pistas. Claro que es asunto de cada autor decidir qué cambia o reacomoda a partir de dichas opiniones.

* * *

Lectura

Sentado en una casa en Buller's Road, soy el extranjero. Miro el jardín exuberante y los dos perros que ladran a todo, que se lanzan al aire para atrapar pájaros y ardillas. Las hormigas se suben a la mesa para probar cualquier cosa que encuentran. Incluso mi vaso, en el que solo hay agua helada, ha atraído a una docena de ellas que vadean por el borde del líquido buscando azúcar. Hemos vuelto al calor de Colombo, en el mes más caluroso del año. Un calor delicioso. El sudor recorre el cuerpo con su propia vida tangible, como si un huevo gigante se hubiera roto sobre nuestros hombros.

Las horas más agradables son desde las cuatro de la madrugada hasta alrededor de las nueve de la mañana; el resto del día el calor se pasea por la casa como un animal que abraza a todo el mundo. Nadie se aleja demasiado de la circunferencia del ventilador. En el mes de abril las familias cingalesas acomodadas se van al interior. La mayoría de los hechos narrados en la literatura erótica de Asia deben de ocurrir en las montañas, ya que es casi imposible hacer el amor en Colombo, salvo a primera hora de la mañana.

En los últimos cien años muy pocas personas han sido concebidas durante este mes.

Este es el calor que enloquecía a los ingleses. En 1922 D.H. Lawrence pasó seis semanas en Ceilán invitado por los Brewster, que vivían en Kandy.

Aunque la temperatura de Kandy es varios grados inferior a la de Colombo, la vena cascarrabias de Lawrence asomó a la superficie igual que el sudor.

Le pareció que los cingaleses eran demasiado superficiales y se quejó de los budistas que apestaban a papaya. El primer día los Brewster lo llevaron a dar un paseo por el lago Kandy. Achsah y Earl Brewster cuentan que Lawrence sacó su reloj de plata y vio que se le había parado.

Encolerizado, tiró de la cadena para arrancarla y lanzó el reloj al lago.

El cronómetro de plata se hundió y se reunió con los tesoros más relevantes y aún por descubrir de los reyes kandyanos.

El calor hace caer en desgracia a los extranjeros. Ayer, camino de Kandy a Colombo, pasamos por las fiestas de Año Nuevo en cada pueblo: postes engrasados para escalar, carreras de bicicletas con la multitud a ambos lados de la carretera que tiraban cubos de agua a los ciclistas al pasar. Todo el mundo participaba en las ceremonias bajo el abrasador sol del mediodía. Pero, mientras nos dirigíamos en coche hacia las tierras calientes, mis hijos se volvían cada vez más agresivos y se gritaban: cállate, cállate, cállate.

(Fragmento de *Cosas de familia*)

...

Tarea

Escribe sobre un viaje intentando seguir todos los pasos del proceso de creación. Aparta en tu agenda las horas que habrás de dedicar a esta tarea y respétalas como si fueran citas con el dentista.

Hoy hablaremos de una de las grandes recetas secretas del escritor, de una de las reglas de oro para escribir: *Sé preciso. Cuida los detalles*. Esta regla está profundamente ligada con la que vimos en una sesión anterior: *usa todos tus sentidos*. Y reitera, claro, lo que hemos venido diciendo desde el principio: fíjate en lo concreto, no abuses de las *grandes palabras*, no exageres en el uso de términos abstractos.

Para comprender mejor este tema, tomamos de la autora estadounidense Natalie Goldberg su excelente idea de comparar la escritura con un trabajo de repostería.

Imagínate que vas a hacer un pastel. Primero, tienes que tener tus ingredientes: huevos, leche, mantequilla, azúcar, harina, levadura en polvo, y alguna otra cosilla que le dé un sabor especial. Esos materiales, sin especificar las cantidades, y puestos juntos de cualquier manera, no constituyen un pastel. Tendrás una masa cruda, informe, incomible.

Para hacer algo que valga la pena, será necesario ir mezclando todas esas cosas, con cantidades exactas, con un modo de proceder preciso, con cierto orden y, por supuesto, faltará meter la masa resultante al horno.

En la escritura de un texto pasa lo mismo. Los ingredientes son los hechos, las personas, los objetos, las acciones, los deseos, los pensamientos... Pero no podemos escribirlos de cualquier manera, como una lista descuidada. Será necesario dosificarlos bien, ir por orden, y después hacerlos pasar por la energía de nuestro "horno" interior, es decir, por el misterioso calor de nuestras emociones.

Para obtener un texto sabroso, tenemos que lograr un equilibrio entre estos aspectos: detalles concretos (ingredientes), puestos en un orden lógico (pasos de la receta) y emociones (horno).

Porque a veces sucede que algunas personas escriben con pura emoción y nada de detalles precisos. Puro calor del horno y nada de sustancia nutritiva. Si escribimos simplemente: "la tarde fue maravillosa", el lector se quedará en ayunas. ¿Por qué fue maravillosa esa tarde? ¿Qué pasó, qué palabras se dijeron y qué acciones sucedieron? ¿Qué sintió la protagonista, exactamente? ¿Qué vieron sus ojos, qué objetos la rodeaban, cómo era la mirada de su novio? ¿Dónde estaban? ¿Cómo estaban vestidos? ¿Hacía frío o calor, llovía?

Porque evidentemente, hay muchas clases de tardes maravillosas. Y de amores, y de noviazgos, y de protagonistas.

Si ponemos, con cuidado, detalles concretísimos, el lector estará ahí. Nos acompañará y entenderá exactamente lo que queremos decir. Y sin que le digamos de manera expresa que la tarde fue maravillosa, él sentirá que la tarde fue maravillosa.

Ese es el poder de una buena descripción. El poder mágico de los detalles. Claro que también habrás de tener el cuidado de no poner absolutamente *todos* los detalles. No es cuestión de atiborrar al lector. Tienes que elegir el sabor de tu pastel. No le pongas vainilla y canela y limón y chocolate y naranja. Piensa qué sabor quieres.

No es fácil hacer esto. Pero poco a poco, con el ejercicio, lo iremos logrando. Hoy nos dedicaremos a los ingredientes y a la receta. Hoy vamos a pensar en cómo escribir un instructivo.

Seguramente has leído cientos de instructivos, esos textos que acompañan un aparato nuevo y que te pretenden explicar cómo usar el artefacto. Y seguramente, también, te has desesperado porque no entiendes nada: faltan pasos, falta una explicación más clara de las distintas partes del aparato. Sucede lo mismo con algunos recetarios de cocina. Esos que te dicen *acitronar* o algún otro término que no explican. Necesitarías una descripción concreta de las acciones que tienes que ejecutar para llegar al fin deseado.

Hoy te pediremos que escribas tu propio instructivo o manual para hacer algo. Cualquier cosa. Cómo tender una cama, cómo usar un teléfono público, cómo sentarse en una silla, cómo amar a tu país son algunos ejemplos que los alumnos de otros talleres han escrito. Ponte a jugar, diviértete. Lo importante es que tus instrucciones sean claras, precisas, ordenadas, y que describas con detalle y con cuidado las acciones que el lector tiene que ejecutar para lograr el éxito. Como en la sesión anterior, tendrás que hacer un ejercicio especial de observación de tu entorno. El escritor no solo tiene que aprender a escribir, sino a *mirar* el mundo con ojos nuevos.

Y si crees que un instructivo necesariamente tiene que ser aburrido o frío, aquí te mostramos dos ejemplos magistrales del gran escritor Julio Cortázar, a quien también le gustaban las instrucciones.

· · ·

Lecturas

INSTRUCCIONES PARA SUBIR UNA ESCALERA

Nadie habrá dejado de observar que con frecuencia el suelo se pliega de manera tal que una parte sube en ángulo recto con el plano del suelo, y luego la parte siguiente se coloca paralela a este plano, para dar paso a una nueva perpendicular, conducta que se repite en espiral o en línea quebrada hasta alturas sumamente variables. Agachándose y poniendo la mano izquierda en una de las partes verticales, y la derecha en la horizontal correspondiente, se está en posesión momentánea de un peldaño o escalón. Cada uno de estos peldaños, formados como se ve por dos elementos, se sitúa un tanto más arriba y más adelante que el anterior, principio que da sentido a la escalera, ya que cualquier otra combinación produciría formas quizá más bellas o pintorescas, pero incapaces de trasladar de una planta baja a un primer piso.

Las escaleras se suben de frente, pues hacia atrás o de costado resultan particularmente incómodas. La actitud natural consiste en mantenerse de pie, los brazos colgando sin esfuerzo, la cabeza erguida aunque no tanto que los ojos dejen de ver los peldaños inmediatamente superiores al que se pisa, y respirando lenta y regularmente. Para subir una escalera se comienza por levantar esa parte del cuerpo situada a la derecha abajo, envuelta casi siempre en cuero o gamuza, y que salvo excepciones cabe exactamente en el escalón. Puesta en el primer peldaño dicha parte, que para abreviar llamaremos pie, se recoge la parte equivalente de la izquierda (también llamada pie pero que no ha de confundirse con el pie antes citado), y llevándola a la altura del pie, se la hace seguir hasta colocarla en el segundo peldaño, con lo cual en esta descansará el pie, y en el primero descansará el pie. (Los primeros peldaños son siempre los más difíciles, hasta adquirir la coordinación necesaria. La coincidencia de nombre entre el pie y el pie hace difícil la explicación. Cuídese especialmente de no levantar al mismo tiempo el pie y el pie).

Llegado en esta forma al segundo peldaño, basta repetir alternadamente los movimientos hasta encontrarse con el final de la escalera. Se sale de ella fácilmente, con un ligero golpe de talón que la fija en su sitio, del que no se moverá hasta el momento del descenso.

(De *Historias de cronopios y de famas*)

INSTRUCCIONES PARA LLORAR

Dejando de lado los motivos, atengámonos a la manera correcta de llorar, entendiendo por esto un llanto que no ingrese en el escándalo, ni que insulte a la sonrisa con su paralela y torpe semejanza. El llanto medio y ordinario consiste en una contracción general del rostro y un sonido espasmódico acompañado de lágrimas y mocos, estos últimos al final, pues el llanto se acaba en el momento en que uno se suena enérgicamente.

Para llorar, dirija la imaginación hacia usted mismo, y si esto le resulta imposible por haber contraído el hábito de creer en el mundo exterior, piense en un pato cubierto de hormigas o en esos golfos del estrecho de Magallanes en los que no entra nadie, nunca.

Llegado el llanto, se tapará con decoro el rostro usando ambas manos con la palma hacia dentro. Los niños llorarán con la manga del saco contra la cara, y de preferencia en un rincón del cuarto. Duración media del llanto, tres minutos.

(De *Historias de cronopios y de famas*)

...

Tarea

1.

Escribe un breve comentario de las lecturas.

¿Cuál te gustó más?, ¿por qué? Si tú tuvieras que escribir unas instrucciones para llorar, en lugar de pedir al lector que piense en un pato con hormigas o en uno de esos golfos del estrecho de Magallanes, según tu experiencia personal, ¿qué motivo o tema elegirías?

2.

Escribe tu propio instructivo.

Los instructivos pueden escribirse de varias maneras.
Fíjate en los tiempos verbales que usa Cortázar: a
veces el modo imperativo (Dirija la imaginación
hacia usted mismo), a veces el presente (Se comienza
por levantar el pie) o el futuro (Se tapará con decoro
el rostro). Y observa cómo le habla de usted al lector.
Prueba con varios tiempos a ver cuál te gusta más.
También los puedes combinar, como hace Cortázar.
Y claro que, si quieres, enumera los pasos a seguir,
como se acostumbra en los instructivos comerciales.

Uno de los recursos más valiosos para un escritor, que enriquece enormemente los textos de cualquier género literario, es el *lenguaje figurado*.

Cuando a un niño que cree ver un fantasma le decimos "no te figures esas cosas", usamos el verbo figurar en el sentido de imaginar, de suplantar la realidad. Lo que el niño está viendo es el saco de su papá colgado de una percha, pero él le atribuye las cualidades de un espíritu del más allá. Lo mismo hace el escritor con el propósito de cargar de sentido sus palabras: atribuye a una cosa las características de otra, es decir, utiliza el lenguaje figurado. Pensemos en una persona enamorada que desea expresar el grado de belleza de su amante. No se contentará con decir: "Es alguien lindo". Estas palabras le suenan pálidas, pobres, para nombrar la dimensión de lo que él o ella aprecia. Busca entonces algo maravilloso para equipararlo con el ser amado, de modo que los demás logren comprender su emoción. Las canciones populares ofrecen cientos de ejemplos. Los cabellos de oro, los dientes de perla y los labios de rubí son figuras que se han colado al habla común para nombrar la belleza, al igual que el puñal clavado en el corazón o la negra noche que tiende su manto, para nombrar el dolor.

...

Lectura

CANCIÓN SEFARDITA (ANÓNIMA)

Dice la nuestra novia:
¿Cómo se llama la cabeza?
No se llama cabeza
sino campos espaciosos,
ay, mis campos espaciosos,
pase la novia y goce al novio.

Dice la nuestra novia:
¿cómo se llama el cabello?
No se llama cabello
sino seda de labrar,
ay, mi seda de labrar,
ay, mis campos espaciosos,
pase la novia y goce al novio.

Dice la nuestra novia:
¿cómo se llama la frente?
No se llama frente
sino espada reluciente,
ay, mi espada reluciente,
ay, mi seda de labrar
ay, mis campos espaciosos,
pase la novia y goce al novio.

Dice la nuestra novia:
¿cómo se llaman las cejas?
No se llaman cejas,
sino cintas del telar,
ay, mis cintas del telar,
ay, mi espada reluciente,
ay, mi seda de labrar,
ay, mis campos espaciosos,
pase la novia y goce al novio.

Dice la nuestra novia:
¿cómo se llaman los ojos?
No se llaman ojos
sino ricos miradores,
ay, mis ricos miradores,
ay, mis cintas del telar,
ay, mi espada reluciente,
ay, mi seda de labrar,
ay, mis campos espaciosos,
pase la novia y goce al novio.

Dice la nuestra novia:
¿cómo se llama la nariz?
No se llama nariz,
sino dátil datilar,
ay, mi dátil datilar,
ay, mis ricos miradores
ay, mis cintas del telar,
ay, mi espada reluciente,

ay, mi seda de labrar,
ay, mis campos espaciosos,
pase la novia y goce al novio.

Dice la nuestra novia:
¿cómo se llama la cara?
No se llama cara
sino rosa del rosal,
ay, mi rosa del rosal,
ay, mi dátil datilar,
ay, mis ricos miradores,
ay, mis cintas del telar,
ay, mi espada reluciente,
ay, mi seda de labrar,
ay, mis campos espaciosos,
pase la novia y goce al novio.

(Musicalizada y cantada por Joaquín Díaz)

• • •

Tarea 1

El último verso de la canción anterior alude a otra
parte del cuerpo:

Dice la nuestra novia:
¿Cómo se llaman los labios?
No se llaman labios
sino_____

Llena tú mismo el espacio en blanco con tu propia
figura y añádela al resto de los atributos. Lee el
poema en voz alta para ver si te convence cómo
suena tu línea en el conjunto. Al final del capítulo,
encontrarás la solución que da a los labios el autor
anónimo de la canción. Compara.

...

Tipos de figuras

Hay decenas de libros dedicados a describir, catalogar y nombrar los diversos tipos de figuras literarias. Sin embargo, por ahora nos basta con distinguir tres tipos básicos:

1. *El símil.* Esta figura consiste en comparar dos cosas de una manera explícita, aclarando que los objetos se asemejan, sin llegar a ser el mismo. Palabras del estilo de *como, igual a, parece* o *diríase* sirven de enlace entre uno y otro objetos. Veamos algunos ejemplos, tomados de la antología *Narrativa Hispanoamericana (Generación 1910-1939)*, de Ángel Flores.

Por el rumbo del Agua Azul, aparece el lucero de la tarde: es brillante y sereno, como los ojos de mi madre que habla, desde el patio, para que baje a merendar.

Agustín Yáñez
(*Episodio del cometa que vuela*)

Tenía ya el pobre la respiración estentórea de la agonía... Era la suya una tos seca... una tos chiquita, apenas perceptible, absurdamente semejante al arrullar de la paloma de Castilla en los nidales altos.

José de la Cuadra
(*Banda de pueblo*)

Nosotras, arrulladas por tan suaves cadencias y prolongados calderones, tal cual si fueran las notas de un cantar de cuna, seguíamos marcando a su compás nuestro vaivén.

Teresa de la Parra
(*Blancanieves y compañía*)

2. *La metáfora.* Figura literaria por excelencia, la metáfora calla discreta el mecanismo de la comparación. Simplemente iguala, fusiona, los objetos comparados. En forma directa, le atribuye a una cosa las características de otra, y nos aclara entonces la primera, la detalla, la enaltece. Tomemos del libro antes mencionado algunas líneas que muestran el juego de asociación implícito en toda metáfora. Obsérvalas: ¿A qué características del sujeto alude cada una?

De Buenos Aires *vino una maestra [...]. Era seca y profunda, un tronco hueco.*

Eduardo Mallea
(*La sala de espera*)

Otra vez el calor [...]. El cielo es una inmensa piedra debajo de la cual está encerrado el sol.

Augusto Céspedes
(*El pozo*)

El coronel Prinani de León bajó de un jeep cubierto de polvo. Era un murciélago cabezón envuelto en una telaraña.

Miguel Ángel Asturias
(*Ocelotl 33*)

3. *La imagen.* Como toda figura, esta busca resignificar una cosa comparándola con otra, pero su complejidad viene de que *la cosa* a la que desea dotar de mayor sentido es una emoción, y la emoción –como sabemos– es algo que se mueve, que actúa en nuestro interior. Por ello, para definirla requerimos *verbos.* Si en el lenguaje directo y cotidiano, decimos: "Estoy angustiado" o "Me puse enojadísima", en la escritura simbolizamos lo que sentimos atribuyendo acciones cargadas de vitalidad a uno o más objetos inanimados. Así, es la noche la que entra furiosa por la ventana, la taza la que se agita histérica y el sol el que pone orden con su entusiasmo. De pronto, lo que existe de por sí, sin conciencia, se convierte en fuerza dotada de voluntad. Tal maravilla, como dice Ezra Pound en su libro *El arte de la poesía,* produce la sensación de estar libre de límites temporales y espaciales. Se trata de un estallido que trastoca el orden común. De la misma antología de narrativa hispanoamericana, tomemos ejemplos del cuento *El balcón,* de Felisberto Hernández, maestro en el arte de la imagen.

El teatro donde yo daba los conciertos también tenía poca gente y *lo había invadido el silencio: yo lo veía agrandarse en la gran tapa negra del piano. Al silencio le gustaba la música; oía hasta la última resonancia y después se quedaba pensando en lo que había escuchado. Sus opiniones tardaban. Pero cuando el silencio ya era de confianza, intervenía en la música: pasaba entre los sonidos como un gato con su gran cola negra y los dejaba llenos de intenciones.*

La luz, no bien salía de una pantalla verde, ya daba sobre un mantel blanco; allí se habían reunido, como para una fiesta de recuerdos, los viejos objetos de la familia.

Al principio la conversación era difícil. Después apareció dando campanadas un gran reloj de pie; había estado marchando contra la pared situada detrás del anciano, pero yo me había olvidado de su presencia.

Prosa y verso

Aunque el lenguaje figurado se asocia de manera espontánea con la poesía, no es de su propiedad. El recurso de suplantar una cosa por otra para darle realce a la primera se utiliza en todos los géneros, desarrollados en prosa o en verso. Su fuerza inigualable tienta a la mayoría de los escritores, llevándolos a emplear símiles, metáforas e imágenes en distintas dosis, según el gusto de cada quien. De hecho, hemos visto la eficacia del lenguaje figurativo tanto en la canción sefardita como en los textos de diversos narradores.

Algunos poemas y textos en prosa son enteramente una figura, libros completos se escriben hablando de una cosa que representa a otra. Tal es el caso, por ejemplo, de la novela *Rebelión en la granja*, de George Orwell, donde el autor describe lo que el título indica para referirse a los horrores de un régimen totalitario, el estalinismo. Cuando esto sucede, decimos que se trata de una *alegoría*.

Leamos un fragmento de *Platero y yo*, de Juan Ramón Jiménez, libro por cierto muy recomendable para adentrarse en el lenguaje figurado.

· · ·

Lectura

¡ANGELUS!

Mira, Platero, qué de rosas caen por todas partes, rosas azules, rosas blancas, sin color... Diríase que el cielo se deshace en rosas. Mira cómo se me llenan de rosas la frente, los hombros, las manos... ¿Qué haré yo con tantas rosas?

¿Sabes tú, quizás, de dónde es esta blanda flora, que yo no sé de dónde es, que enternece, cada día, el paisaje y lo deja dulcemente rosado, blanco celeste –más rosas, más rosas–, como un cuadro de Fra Angelico, el que pintaba la gloria de rodillas?

De las siete galerías del Paraíso se creyera que tiran rosas a la tierra.

Cual en una nevada tibia y vagamente colorida, se quedan rosas en la torre, en el tejado, en los árboles. Mira: todo lo fuerte se hace, con su adorno, delicado. Más rosas, más rosas, más rosas...

Parece, Platero, mientras suena el Angelus, que esta vida nuestra pierde su fuerza cotidiana, y que otra fuerza de adentro, más altiva, más constante y más pura, hace que todo, como en surtidores de gracia, suba a las estrellas, que se encienden ya entre las rosas... Más rosas... Tus ojos, que tú no ves, Platero, y que alzas mansamente al cielo, son dos bellas rosas.

· · ·

Tarea 2

Lee varias veces el texto de Jiménez, subraya
con un color los símiles; con otro, las metáforas
y con un tercero, las imágenes. Aprende de
cada figura utilizada por el autor. Y luego busca
la grande, la que abarca todo el texto. ¿De qué
crees que habla el narrador? Fíjate en el título:
es una pista. ¿Sabes a qué horas se toca el
Angelus? Notarás que el tema es el atardecer.
Sin mencionar nunca esa palabra –pues se
trata de una suplantación–, Jiménez describe
los colores con que la tarde pinta todas las
cosas, pero no los pone de cualquier manera
sino convertidos en rosas. Fíjate cómo, hacia el
final, hacen su aparición las estrellas como otro
dato preciso del momento. ¿Qué otros datos
encuentras? Indaga, haz y deshaz el texto,
disfrútalo.

• • •

La originalidad de la figura

Decíamos que hay figuras que se han convertido en *lugares comunes*, lo que significa que no poseen una aportación personal, sino que ya están hechas. Son útiles para la expresión en lenguaje directo, pero pueden ser una plaga si trata de literatura. Quien desea escribir necesita hallar sus propias comparaciones, como hizo el compositor Cole Porter en su canción *You are the top* (*Eres lo máximo*), en la que iguala a una mujer con la torre de Pisa, Mahatma Gandhi, el coñac Napoleón y una sinfonía de Strauss, entre otros portentos. Sigue su ejemplo y busca tus propios puntos de referencia.

• • •

a)

Escribe 5 símiles completando las siguientes frases:

1. Estaba tan furioso que parecía _____

2. Al ver a la niña se creería que _____

3. Esa música es como _____

4. El paisaje daba la impresión _____

5. Hoy amanecí sintiéndome igual que _____

b)

Escribe ahora cinco metáforas:

1. La luz de este momento es ....

2. Mi maestra de jardín de niños era ....

3. Leer el periódico es ....

4. Los jóvenes besándose son ....

5. Cada vez que me acuerdo, me siento ....

c)

Escribe cinco imágenes, eligiendo algunos de estos elementos:

La noche	Mis zapatos	Su nariz
El gato negro	El viento	La ventana
Esa fotografía	El fuego de la chimenea	El frío
Las piedras	El cielo	La página
Mi computadora	El mar	

* He aquí la última estrofa de la canción sefardita:

> Dice la nuestra novia:
> ¿cómo se llaman los labios?
> No se llaman labios
> sino filos de coral.

Vamos más o menos a la mitad de este viaje. Buen momento para consultar la brújula y las notas de lo que hemos recorrido. ¿Dónde estamos? ¿Querrías hacer un resumen a vuelapluma de lo que has incorporado a tu persona a lo largo de las semanas pasadas? Es momento de comprar un cuaderno especial que ha de acompañarte de ahora en adelante, de día y de noche. Tu diario de escritor(a). Cuenta en él qué te ha ocurrido en relación con este libro/taller y con tu vida personal. Nadie más que tú va a leerlo, así que puedes soltarte el pelo. El material que vayas reuniendo, si escribes tus experiencias, tus sueños, tus observaciones de lo que te rodea, será fuente de inspiración para algún texto futuro. Se trata de una tarea de almacenamiento de material, no perdido en los rincones de la memoria, sino ya atrapado en palabras. Ahí estarán tus verdaderos temas, tu verdadera voz.

La atmósfera

Hemos visto ya cuánto juego literario guarda en sí cualquier objeto o lugar. El mundo físico, visto bajo cierta mirada, adquiere dimensiones que lo trascienden. Es decir que un cenicero, aunque la palabra que lo representa sea hermosa, quedará vacío de significado si se presenta en forma aislada o gratuita. Pero puede también cargarse de la experiencia del autor hasta convertirse en un objeto fundamental. Sucede lo mismo si llevamos esto más allá de un solo objeto, y describimos una habitación o un paisaje. La simple enumeración de objetos nos dará una idea del lugar, pero si estos aparecen de tal forma que nos transmitan una emoción predominante, conformarán entonces una atmósfera. Un ejemplo clásico que todos conocemos es el clima o atmósfera de terror de algunas películas. Recordemos cualquiera y nos vendrá a la cabeza una noche oscura. En su habitación, una joven se prepara para ir a la cama. Suena el teléfono. Pero al contestar, del otro lado de la línea solo se deja escuchar un pesado silencio. Por la ventana abierta penetra el aire que anuncia tormenta. Vuelan las frágiles cortinas y el espejito frente al que la joven se desmaquilla cae al suelo y se rompe. Un gato maúlla a lo lejos. De pronto, la luz se apaga. La joven deja escapar un leve grito y luego camina a ciegas en busca de una vela. Solo la acompañan las notas de una música tétrica.

La atmósfera está dada. Los espectadores se aferran a sus butacas, seguros de que un pavoroso peligro los acecha ahí mismo en la sala. ¿Qué artimañas logran crispar así sus nervios? Un juego de luces, sonidos que todos asociamos con peligro, una fuerza destructora entrando por la ventana. Elementos del mundo físico combinados de cierta manera. Si fuese de día, el viento causaría otra sensación, quizá de frescura o de alegría, pero la mezcla de viento y oscuridad provoca inquietud.

Acudamos a Juan Rulfo para analizar la atmósfera que logra en uno de sus magistrales cuentos. ¿Qué emoción crees predominante en sus descripciones del paisaje?

• • •

Lectura

NOS HAN DADO LA TIERRA (FRAGMENTO)
Juan Rulfo

Después de tantas horas de caminar sin encontrar ni una sombra de árbol, ni una semilla de árbol, ni una raíz de nada, se oye el ladrar de los perros.

Uno ha creído a veces, en medio de este camino sin orillas, que nada habría después; que no se podría encontrar nada al otro lado, al final de esta llanura rajada de grietas y de arroyos secos. Pero sí, hay algo. Hay un pueblo. Se oye que ladran los perros y se siente en el aire el olor del humo, y se saborea ese olor de la gente como si fuera una esperanza.

Pero el pueblo está todavía muy allá. Es el viento el que lo acerca.

Hemos venido caminando desde el amanecer. Ahorita son algo así como las cuatro de la tarde. Alguien se asoma al cielo, estira los ojos hacia donde está colgado el sol y dice:

—Son como las cuatro de la tarde.

Ese alguien es Melitón. Junto a él, vamos Faustino, Esteban y yo. Somos cuatro. Yo los cuento: dos adelante, otros dos atrás. Miro más atrás y no veo a nadie.

Entonces me digo: «Somos cuatro». Hace rato, como a eso de las once, éramos veintitantos; pero puñito a puñito se han ido desperdigando hasta quedar nada más este nudo que somos nosotros.

Faustino dice:

—Puede que llueva.

Todos levantamos la cara y miramos una nube negra y pesada que pasa por encima de nuestras cabezas. Y pensamos: «Puede que sí».

No decimos lo que pensamos. hace ya tiempo que se nos acabaron las ganas de hablar. Se nos acabaron con el calor. Uno platicaría muy a gusto en otra parte, pero aquí cuesta trabajo. Uno platica aquí y las palabras se calientan en la boca con el calor de afuera, y se le resecan a uno en la lengua hasta que acaban con el resuello.

Aquí así son las cosas. Por eso a nadie le da por platicar.

Cae una gota de agua, grande, gorda, haciendo un agujero en la tierra y dejando una plasta como un salivazo. Cae sola. Nosotros esperamos a que sigan cayendo más. No llueve. Ahora si se mira el cielo se ve a la nube aguacera corriéndose muy lejos, a toda prisa. El viento que viene del pueblo se le arrima, empujándola contra las sombras azules de los cerros. Y a la gota caída por equivocación se la come la tierra y la desaparece en su sed.

¿Quién diablos haría este llano tan grande? ¿Para qué sirve, eh?

Hemos vuelto a caminar. Nos habíamos detenido para ver llover. No llovió. Ahora volvemos a caminar. Y a mí se me ocurre que hemos caminado más de lo que llevamos andado. Se me ocurre eso. De haber llovido quizá se me ocurrieran otras cosas. Con todo, yo sé que desde que yo era muchacho, no vi llover nunca sobre el Llano, lo que se llama llover.

No, el Llano no es cosa que sirva. No hay ni conejos ni pájaros. No hay nada. A no ser unos cuantos huizaches traspeleques y una que otra manchita de zacate con las hojas enroscadas; a no ser por eso, no hay nada.

Y por aquí vamos nosotros. Los cuatro a pie. Antes andábamos a caballo y traíamos terciada una carabina. Ahora no traemos ni siquiera la carabina.

Yo siempre he pensado que en eso de quitarnos la carabina hicieron bien. Por acá resulta peligroso andar armado. Lo matan a uno sin avisarle, viéndolo a toda hora con «la 30» amarrada a las correas. Pero los caballos son otro asunto. De venir a caballo ya hubiéramos probado el agua verde del río, y paseado nuestros estómagos por las calles del pueblo para que se les bajara la comida. Ya lo hubiéramos hecho de tener todos aquellos caballos que teníamos. Pero también nos quitaron los caballos junto con la carabina.

Vuelvo hacia todos lados y miro el Llano. Tanta y tamaña tierra para nada. Se le resbalan a uno los ojos al no encontrar cosa que los detenga. Solo unas cuantas lagartijas salen a asomar la cabeza por encima de sus agujeros, y luego que sienten la tatema del sol corren a esconderse en la sombrita de una piedra. Pero nosotros, cuando tengamos que trabajar aquí, ¿qué haremos para enfriarnos del sol, eh? Porque a nosotros nos dieron esta costra de tepetate para que la sembráramos.

Nos dijeron:

—Del pueblo para acá es de ustedes.

Nosotros preguntamos:

—¿El Llano?

—Sí, el Llano. Todo el Llano Grande.

Nosotros paramos la jeta para decir que el Llano no lo queríamos. Que queríamos lo que estaba junto al río. Del río para allá, por las vegas, donde están esos árboles llamados casuarinas y las paraneras y la tierra buena. No este duro pellejo de vaca que se llama el Llano.

Pero no nos dejaron decir nuestras cosas. el delegado no venía a conversar con nosotros. Nos puso los papeles en la mano y nos dijo:

—No se vayan a asustar por tener tanto terreno para ustedes solos.

—Es que el llano, señor delegado...

—Son miles y miles de yuntas.

—Pero no hay agua. Ni siquiera para hacer un buche hay agua.

—¿Y el temporal? Nadie les dijo que se les iba a dotar con tierras de riego. En cuanto allí llueva, se levantará el maíz como si lo estiraran.

—Pero, señor delegado, la tierra está deslavada, dura. No creemos que el arado se entierre en esa como cantera que es la tierra del llano. Habría que hacer agujeros con el azadón para sembrar la semilla y ni aun así es positivo que nazca nada; ni maíz ni nada nacerá.

—Eso manifiéstenlo por escrito. Y ahora váyanse. Es al latifundio al que tienen que atacar, no al Gobierno que les da la tierra.

—Espérenos usted, señor delegado. Nosotros no hemos dicho nada contra el Centro. Todo es contra el Llano... No se puede contra lo que no se puede. Eso es lo que hemos dicho... Espérenos usted para explicarle. Mire, vamos a comenzar por donde íbamos...

Pero él no nos quiso oír.

Así nos han dado esta tierra. Y en este comal acalorado quieren que sembremos semillas de algo, para ver si algo retoña y se levanta. Pero nada se levantará de aquí. Ni zopilotes. Uno los ve allá cada y cuando, muy arriba, volando a la carrera; tratando de salir lo más pronto posible de este blanco terregal endurecido, donde nada se mueve y por donde uno camina reculando.

Melitón dice:

—Esta es la tierra que nos han dado.

(De El llano en llamas, fragmento)

• • •

¿Qué tipo de atmósfera sentiste que da el cuento de Rulfo? Es cierto que hay matices de distintas emociones puestos en la sequedad de la tierra, en el ladrido de los perros y en cada uno de los detalles en los que Rulfo se detiene. Pero la sensación predominante es, quizá, la decepción ante la realidad de haber luchado por la tierra, carabina al hombro, y recibir a cambio un llano que no sirve para nada. Rulfo no necesita nombrar la palabra decepción. Deja al lector llegar a sus propias conclusiones luego de ver, oír, oler y sentir el recorrido de los campesinos. Las sensaciones llevan a la emoción y esta, más tarde, lleva a la idea. Así funciona la mente humana. Por eso, la atmósfera del cuento de Rulfo tiene más peso que un discurso sobre la injusticia que cometió la Revolución con el campesinado mexicano.

...

Escribe dos cuartillas dando una emoción
predominante a través de un ambiente, natural
o creado por el ser humano. A continuación te
ofrecemos una lista de posibles atmósferas para que
elijas la que se te antoje desarrollar. No menciones
en ningún momento la emoción de la que se trata.
Dale a alguien tu texto para que lo lea, a ver si puede
adivinarla.

Nostalgia	Ira	Ternura
Euforia	Miedo	Angustia
Serenidad	Dolor	Asombro
Esperanza	Desesperación	Gozo

No solo nuestros sentidos, no solo nuestros recuerdos, no solo las cosas que nos rodean forman el material de nuestra escritura. Una parte esencial de lo que somos la han conformado los libros que hemos leído. Gracias a nuestras lecturas, nuestro pequeño mundo se ha ampliado y hemos vivido otras vidas además de la propia. Nuestros horizontes se han ensanchado, nuestras experiencias se han multiplicado. Sentados bajo la lámpara, hemos viajado tal vez por el océano embravecido, matando ballenas, o hemos vertido abundantes lágrimas cuando alguna heroína se muere y hemos muerto un poco nosotros también; hemos peleado contra grandes molinos de viento, hemos colonizado islas desiertas, hemos volado en globo y hemos asesinado, tal vez, a una vieja avara en su oscura vivienda.

Seguramente tú recuerdas con emoción ciertos libros, ciertas escenas, ciertos personajes de tus lecturas. Muchos de nosotros nos solazamos, en nuestra temprana juventud, con libros como *Mujercitas*, *La isla misteriosa* o *Platero y yo*. O tal vez con los maravillosos cuentos de hadas que nos leía alguna abuela antes de dormir.

Y claro, seguramente conoces muchas historias que, procedentes de algún libro antiquísimo, de las más viejas mitologías de la humanidad, se han quedado vivas en nuestra cultura. Sin darnos cuenta, hacemos referencia a muchas de ellas, las hayamos leído o no.

Tal es el caso de las historias y los personajes de la mitología griega, o de la mitología azteca, o de ciertos pasajes de la Biblia. Pasa lo mismo con ciertos cuentos clásicos. Como son historias muy bien construidas, les podemos sacar jugo una y otra vez. Las contamos y las componemos, las utilizamos en nuestros chistes, hacemos alusiones de todo tipo a ciertos personajes míticos, los reinventamos.

Van algunos ejemplos: Adán y Eva, con todo y su paraíso terrenal y su manzana y su serpiente; el Arca de Noé; la mujer de Lot que, al mirar hacia atrás, quedó convertida en estatua de sal; la cabellera de Sansón y la malvada Dalila que se la cortó, por mencionar solo algunos pasajes de la Biblia.

Pero hay muchos ejemplos más. Hay personajes literarios que siguen viviendo entre nosotros, y los citamos, y hablamos de ellos, y tal parece que fueran personas reales que hubieran existido de verdad. Pensemos en Don Quijote de la Mancha y en su fiel escudero Sancho; en Gulliver rodeado de liliputienses; en Romeo y Julieta; en Sherlock Holmes...

De los cuentos de hadas clásicos, como los de los hermanos Grimm o de Hans Christian Andersen, todos recordamos a la Cenicienta, a Blanca Nieves, al Patito Feo, a la Bella Durmiente y a la famosísima Caperucita Roja. Por supuesto, también están presentes Aladino y Scherezada, Alí Babá y Simbad el Marino, que viajaron desde el Oriente para quedarse entre nosotros durante mil y una noches.

Estos temas, estos mitos, estos personajes han sido fuente de inspiración para el cine, el teatro, la televisión. Y claro: para otros escritores que, tomándolos como punto de partida, han creado nuevos textos.

Hoy te queremos invitar a la Grecia antigua. Tal vez recordarás los dos famosos poemas épicos del gran Homero, *La Ilíada* y *La Odisea*. Los hayas leído o no, seguramente has oído hablar de ellos. Escenas como la del caballo de Troya o personajes como la fiel Penélope, que tejía de día y destejía de noche mientras esperaba durante largos años el regreso de su marido, son inolvidables.

Hay un pasaje muy famoso en *La Odisea*, en donde el ingenioso Odiseo (también llamado Ulises, quien, por cierto, es el marido de Penélope) recibe un consejo de la diosa Circe antes de continuar su viaje. La bella diosa habla sobre una misteriosa isla en donde viven unos seres fantásticos llamados *sirenas*. Estas tienen una bellísima voz, y atraen con sus cantos a los marinos de los barcos. Pero son malvadas: nave que se acerca, nave que se pierde, porque con sus canciones hechizan a los hombres, y estos no se pueden ir ya nunca y mueren. Entonces la diosa le da el siguiente consejo a Odiseo:

Pasa de largo y tapa las orejas de tus compañeros con cera blanda, previamente adelgazada, a fin de que ninguno las oiga; mas si tú desearas oírlas, haz que te aten en la velera embarcación de pies y manos, derecho y arrimado a la parte inferior del mástil, y que las sogas se liguen a él: así podrás deleitarte escuchando a las sirenas. Y en caso de que supliques o mandes a los compañeros que te suelten, átente con más lazos todavía.

Así habló la diosa. Odiseo, entonces, obedece al pie de la letra a Circe, y su barco pasa por el peligroso lugar sin daño alguno y puede continuar su viaje.

A través de los siglos, este pasaje ha sobrevivido en la imaginación de la cultura de Occidente, y tanto en Europa como en América las sirenas han sido recreadas de múltiples formas, casi siempre como seres fantásticos que son mitad mujer, mitad pez. En el arte popular mexicano las encontramos, en variadas y coloridas versiones, hasta hoy: aparecen, pícaramente, en los sones huastecos o jarochos, y las podemos ver formadas en barro o talladas en madera como ingenuas niñas, con sus pechos de mujer y su cola de pescado, y también con su guitarra, para acompañar su dulce canción.

Ahora lee estos dos ejemplos de textos modernos sobre las sirenas.

...

Lecturas

A CIRCE
Julio Torri

¡Circe, diosa venerable! He seguido puntualmente tus avisos. Mas no me hice amarrar al mástil cuando divisamos la isla de las sirenas, porque iba resuelto a perderme. En medio del mar silencioso estaba la pradera fatal. Parecía un cargamento de violetas errante por las aguas.

¡Circe, noble diosa de los hermosos cabellos! Mi destino es cruel. Como iba resuelto a perderme, las sirenas no cantaron para mí.

(De *De fusilamientos*)

AVISO
Salvador Elizondo
i.m. Julio Torri

La isla prodigiosa surgió en el horizonte como una crátera colmada de lirios y de rosas. Hacia el mediodía comencé a escuchar las notas inquietantes de aquel canto mágico.

Había desoído los prudentes consejos de la diosa y deseaba con toda mi alma descender allí. No sellé con panal los laberintos de mis orejas ni dejé que mis esforzados compañeros me amarraran al mástil.

Hice virar hacia la isla y pronto pude distinguir sus voces con toda claridad. No decían nada; solamente cantaban. Sus cuerpos relucientes se nos mostraban como una presa magnífica.

Entonces decidí saltar sobre la borda y nadar hasta la playa.

Y yo, oh dioses, que he bajado a las cavernas de Hades y que he cruzado el campo de asfódelos dos veces, me vi deparado a este destino de un viaje lleno de peligros.

Cuando desperté en brazos de aquellos seres que el deseo había hecho aparecer tantas veces de este lado de mis párpados durante las largas vigías del asedio, era presa del más agudo espanto. Lancé un grito afilado como una jabalina.

Oh dioses, yo que iba dispuesto a naufragar en un jardín de delicias, cambié libertad y patria por el prestigio de la isla infame y legendaria.

Sabedlo, navegantes: el canto de las sirenas es estúpido y monótono, su conversación aburrida e incesante; sus cuerpos están cubiertos de escamas, erizados de algas y sargazo. Su carne huele a pescado.

(De *El grafógrafo*)

...

En ambos ejemplos, fíjate cómo los autores eligieron volver a narrar el episodio, pero cambiaron el desenlace. Y observa que narraron la historia en primera persona, es decir, se pusieron en el lugar de Odiseo.

Tarea

1.

Lee varias veces los textos anteriores, y fíjate
muy bien en las palabras que usa el autor. Puedes
subrayar aquellas que no conozcas o las que te
parezcan más bellas, más extrañas, más acertadas.
Consulta tus diccionarios.

2.

Escoge un mito griego o mexicano, una leyenda
tradicional, un pasaje de la Biblia o un cuento de
hadas clásico. Tómalo como punto de partida y
recréalo, escribe un texto inspirado en él. Puedes
hacer muchas cosas: cambiar el final de la historia,
ubicar a los personajes en otro ámbito, por ejemplo,
en la época actual y en la ciudad en la que vives;
imitar el lenguaje y el estilo del autor elegido, o
cambiarlo y contarlo de manera más moderna;
convertir una historia trágica en algo humorístico
o viceversa. Puedes hacer lo que quieras. Disfruta,
juega, ¡diviértete!

Lee con cuidado estos fragmentos de dos novelas:

...

Daniel Defoe

Entonces se desencadenó, en verdad, una terrible tempestad, y en aquella ocasión comencé a observar señales de terror y asombro incluso en los rostros de los mismos marineros. El capitán, aunque atento a la seguridad de su barco, en una de sus idas y venidas, al pasar junto a mí, dejó escapar, murmurando para sí mismo: «Señor, apiádate de nosotros; vamos a perderlo todo. ¡Pereceremos todos!», y otras lamentaciones por el estilo. Durante estos primeros momentos de apuro me sentí como atontado, tendido inmóvil en mi cabina, que estaba situada en la proa, y me sería imposible describir mi excitación. Volví a pensar en mi primer arrepentimiento, desvanecido pronto en mi alma endurecida: pensé que el amargo sentimiento de la muerte cercana había pasado y que esta nueva tempestad no sería nada, como la primera. Pero las palabras que había oído de los labios del propio capitán, de que todos estábamos perdidos, me tenían asustado. Salí de mi camarote y miré al exterior. Nunca había visto un espectáculo más espantoso: el mar se alzaba como altas montañas que se desplomaban sobre nosotros cada tres o cuatro minutos; cuanto pude ver alrededor no era más que aflicción y asolamiento.

(Fragmento de *Robinson Crusoe*)

Julio Verne

Cuando el marino y sus compañeros se separaron del muro, el viento los azotó de nuevo con extremado furor. Encorvados, dando la espalda a las ráfagas, marchaban de prisa, siguiendo a *Top*, que no vacilaba en la dirección que debía tomar. Subían hacia el norte, teniendo a su derecha una interminable cresta de olas, que rompían con atronador rugido, y a su izquierda una oscura comarca de la cual era imposible distinguir el aspecto.

[...] A las cuatro de la mañana podía calcularse que habían recorrido una distancia de cinco millas. Las nubes se habían elevado ligeramente y no lamían ya el suelo. Las ráfagas, menos húmedas, se propagaban en corrientes de aire muy vivas, más secas y más frías. Insuficientemente protegidos por sus vestidos, Pencroff, Harbert y Gedeon Spilett debían sufrir cruelmente, pero ni una queja se escapó de sus labios. Estaban decididos a seguir a *Top* hasta donde quisiera conducirlos el inteligente animal.

(Fragmento de *La isla misteriosa*)

Aunque en ambos casos se trata de novelas de aventuras, y en los dos fragmentos encontramos la furia del mar, ¿notas alguna diferencia en el modo de narrar? ¿Quién nos está contando lo que sucede?

En el primer caso, Daniel Defoe eligió relatar su historia como si el propio Robinson Crusoe la contara. Está escrita en primera persona: *(Yo) comencé a observar, me sentí como atontado, nunca había visto un espectáculo...* Unas partes de la novela tienen forma de diario; otras están en forma de memorias: el viejo Robinson Crusoe recuerda todo lo vivido en aquella isla.

En el segundo ejemplo, Julio Verne eligió contar las aventuras de los náufragos usando un narrador ajeno a los hechos, que no participa en ellos, pero que parece estar viendo todo lo que sucede. Este narrador está en tercera persona: *(Ellos) se separaron, habían recorrido, estaban decididos.*

Al escribir una crónica, un cuento o una novela, tendremos que elegir entre muchas maneras posibles de narrar. Tendremos que decidir cuál será nuestro *narrador*. Fíjate bien que el narrador es diferente del autor. Es decir, nosotros, como autores, podemos elegir quién cumplirá la función de contar.

El narrador que decidamos usar tiene que ver, en primer lugar, con el punto de vista que queramos adoptar. Imagínate un suceso cualquiera, por ejemplo, una boda.

La crónica de esa boda se puede narrar de muy distinta manera, aunque se trate de la mismísima boda, según sea contada por el novio, por la novia, por alguno de los padres de los novios, por el juez, por el sacerdote oficiante, por el monaguillo o los pajecitos, por la vieja nana del novio, por la tía de 90 años, por la hermana menor de la novia que se muere por casarse, por el mejor amigo del novio, por uno de los meseros del banquete, etcétera. Y el suceso podría ser narrado no solo por seres humanos; podríamos hacer un ejercicio literario donde el narrador de nuestro cuento fuera un gato –la mascota favorita del novio–, el vestido de novia, el pastel de bodas...

El punto de vista se combina con el uso de las diferentes personas gramaticales, lo cual nos da una serie de grados de acercamiento o alejamiento del asunto que vayamos a escribir, y una serie de matices en el modo de hacerlo y, por lo tanto, una serie de narradores posibles.

Los teóricos de la literatura han hecho una enorme y complicada clasificación de narradores. Hay muchos criterios para clasificarlos: según su participación en la historia; según el grado de conocimiento que tengan de los acontecimientos; según se muestren más conscientes de sí mismos; si hacen juicios y comentarios sobre lo que va sucediendo; según la actitud que tengan hacia los personajes, etc. Todos estos criterios se pueden entrecruzar, de tal manera que a un narrador le es posible conocer mucho o poco de lo que va sucediendo, y al mismo tiempo ser más o menos "intrusivo", o ser neutro; su actitud tal vez sea favorable o desfavorable hacia el o los protagonistas, etcétera.

Para que este complejo tema quede más claro, expondremos algunos narradores ordenados según el tipo de persona gramatical que utilicen.

Las personas gramaticales más usadas para escribir narrativa son la primera y la tercera, tanto en singular como en plural. Es menos frecuente usar la segunda persona, pero también es posible.

Primera persona

La primera persona (yo) permite narrar desde dentro del personaje mismo: podemos expresar sus pensamientos más íntimos, sus sentimientos, el porqué y el cómo de sus acciones. Los narradores en primera persona son participantes de la historia: nos cuentan algo como *protagonistas* –Robinson Crusoe– o como *testigos* de los acontecimientos –el doctor Watson en las novelas de Sherlock Holmes, de sir Arthur Conan Doyle–. Como vimos, pueden usar la forma de carta o de diario, o simplemente de narración de sus peripecias.

También en primera persona, es posible escribir a manera de *monólogo interno*, que intenta reproducir ese interior, siempre un poco caótico, de las ideas claras y oscuras que van y vienen por la mente de alguien: es como si pudiéramos oír sus pensamientos. El monólogo externo (o monólogo a secas, muy usado en el teatro) es un texto en donde reproducimos el modo como *habla* un solo personaje, sin otros interlocutores.

Ve este ejemplo: es el fragmento de un cuento, muy divertido, con narrador en primera persona, en forma de monólogo interno:

PERO EL DE MI DERECHA
Dorothy Parker

Lo sabía. Sabía que si venía a esta comida, me tocaría algo como este nene a mi izquierda. Lo deben de haber estado guardando para mí por semanas. Bueno, simplemente lo tenemos que invitar, su hermana fue tan encantadora con nosotros en Londres; lo podemos poner cerca de la señora Parker, ella habla por dos. Oh, no debería haber venido, nunca. Estoy aquí contra mi buen juicio, contra mi propia decisión. Esto sería una buena idea para que la escriban en mi tumba: Dondequiera que ella fue, incluso aquí, fue contra su buen juicio. Es una linda hora de la tarde para estar pensando en tumbas. Ese es el efecto que me hace este imbécil, y la sopa tarda mucho en enfriarse. Me hubiera quedado en mi casa a comer. Me podía haber preparado cualquier cosa en una charola. La cabeza de San Juan Bautista, o algo. Oh, no debería haber venido.

Bueno, por fin la sopa se acabó. Estoy ya mucho más cerca de mi morada eterna. Ahora la sopa pertenece al pasado, y he dicho exactamente cinco palabras al caballero de mi izquierda. Dije: «¿No está la sopa deliciosa?», esas cinco palabras. Y él dijo: «Sí, deliciosa, ¿no?». Esas fueron tres. Me lleva dos de ventaja.

· · ·

Segunda persona

Poco usada en la antigüedad, más frecuentemente en nuestros días, la segunda persona (tú) es como un desdoblamiento de la primera persona. Puede resultar, incluso, más íntima que aquella, porque parece que el narrador se habla a sí mismo; parecería que se entabla un diálogo-monólogo del personaje consigo mismo. Y también se establece un lazo especial con el lector, porque es como si le estuviéramos hablando a él, como si de algún modo las cosas le estuvieran sucediendo a él. Esta forma, de hecho, la usamos mucho cuando platicamos sucesos cotidianos.

La novela *Aura*, de Carlos Fuentes, está escrita totalmente en segunda persona. Lee este fragmento: es el principio de la obra.

Lees ese anuncio: una oferta de esa naturaleza no se hace todos los días. Lees y relees el aviso. Parece dirigido a ti, a nadie más. Distraído, dejas que la ceniza del cigarro caiga dentro de la taza de té que has estado bebiendo en este cafetín sucio y barato. Tú releerás. Se solicita historiador joven. Ordenado. Escrupuloso. Conocedor de la lengua francesa. Conocimiento perfecto, coloquial. Capaz de desempeñar labores de secretario. Juventud, conocimiento del francés, preferible si ha vivido en Francia algún tiempo. Tres mil pesos mensuales, comida y recámara cómoda, asoleada, apropiada estudio. Solo falta tu nombre. Solo falta que las letras más negras y llamativas del aviso informen: Felipe Montero. Se solicita Felipe

Montero, antiguo becario en la Sorbona, historiador cargado de datos inútiles, acostumbrado a exhumar papeles amarillentos, profesor auxiliar en escuelas particulares, novecientos pesos mensuales. Pero si leyeras eso, sospecharías, lo tomarías a broma. Donceles 815. Acuda en persona. No hay teléfono.

Recoges tu portafolio y dejas la propina. Piensas que otro historiador joven, en condiciones semejantes a las tuyas, ya ha leído ese mismo aviso, tomado la delantera, ocupado el puesto. Tratas de olvidar mientras caminas a la esquina.

Tercera persona

La tercera persona (él, ella, ellos, ellas) ha sido, durante siglos, la más utilizada para contar todo tipo de relatos, desde los grandes poemas épicos hasta fábulas y novelas. El narrador en tercera persona puede estar más o menos alejado de los personajes y de la historia: es cuestión de grados. Por eso existen muchos tipos de narrador en tercera persona.

Aquí expondremos algunos tipos de narrador en tercera persona, los más habituales.

En primer lugar, tenemos a ese narrador que lo ve todo, y lo sabe todo, que se llama *narrador omnisciente*. Este narrador fue el más usado hasta el siglo XIX. No participa en los acontecimientos. De alguna manera los sabe, simplemente, y nos los cuenta.

Es el narrador de las grandes epopeyas, de los mitos, de las leyendas. Te damos, como ejemplo, esta viejísima fábula de Esopo, *El pastor bromista*:

Un pastor que apacentaba su rebaño bastante lejos de la aldea hacía a menudo la siguiente broma: gritando que los lobos atacaban su rebaño, pedía auxilio a los habitantes de la aldea.

Dos o tres veces, los cándidos vecinos, asustados, salieron precipitadamente en su ayuda, pero regresaron defraudados. Pero, al fin, un día los lobos se presentaron realmente, y mientras devastaban el rebaño, el pastor se desgañitaba inútilmente llamando a los de la aldea en su ayuda, pero estos, creyendo que se trataba de una nueva broma, no le hacían caso alguno. Y así perdió el pastor todos sus carneros.

¿Quién nos cuenta esta fábula? ¿Puedes imaginar cómo resultaría si la narrara un aldeano, el propio pastor, uno de los borregos o el lobo?

Otro narrador posible, cercano al anterior y también en tercera persona, es el *tipo cámara cinematográfica*. Este narrador es un observador "objetivo" o neutro. No se mete en el interior de nadie, ni cuenta desde el punto de vista de ningún personaje, ni hace comentarios de ningún tipo. Lo mira y lo registra todo, pero solo lo externo, lo visible.

A continuación, veamos otra forma de narrador en tercera persona, ya no omnisciente, porque su conocimiento de los hechos es limitado; también ha sido ampliamente utilizado en la literatura. Se le pude llamar *narrador en tercera persona, desde el punto de vista de un personaje*. Algunos autores lo llaman *avec* (palabra francesa que significa 'con'). Es una curiosa mezcla de lejano y cercano: cuenta las cosas desde la perspectiva de algún personaje (que puede ser el protagonista o un personaje secundario) y solo sabe lo que el personaje sabe. Es como si el narrador se metiera dentro de alguien. Ve este ejemplo, del cuento "Nabo, el negro que hizo esperar a los ángeles", que aparece en el volumen *Ojos de perro azul*, de Gabriel García Márquez:

> Nabo estaba de bruces sobre la hierba muerta. Sentía el olor a establo orinado estregándose en el cuerpo. Sentía en la piel gris y brillante el rescoldo tibio de los últimos caballos, pero no sentía la piel. Nabo no sentía nada. Era como si se hubiera quedado dormido con el último golpe de la herradura en la frente y ahora no tuviera más que ese solo sentido. Un doble sentido que le indicaba a la vez el olor a establo húmedo y el innumerable cositeo de los insectos invisibles en la hierba. Abrió los párpados. Volvió a cerrarlos y permaneció quieto después, estirado, duro, como había estado toda la tarde, sintiéndose crecer sin tiempo.

Fíjate cómo este narrador, aunque esté en tercera persona (él, Nabo), está metido en el protagonista, y sabe lo que este está pensando y lo que está sintiendo.

¿Cómo elegir nuestro narrador? ¿Cómo saber si debemos usar la primera persona, la tercera; cuál punto de vista? Parece ser que este proceso es bastante intuitivo. Se nos ocurren los textos ya con cierto narrador, se nos antoja escribir algo con cierto punto de vista. Sin embargo, es cosa de probar. Es un buen ejercicio escribir un mismo relato en diferentes versiones: a ver cómo queda en primera persona, a ver cómo queda en tercera, en segunda. Y luego elegimos la que nos guste más.

Imagínate que alguien se cae en la calle. Relata el mismo hecho en tres versiones breves:

a)

En tercera persona, con un narrador neutro, tipo cámara cinematográfica.

b)

En tercera persona, pero desde el punto de vista de un espectador. (Ojo: aquí puedes jugar con diferentes actitudes. Un espectador puede ser compasivo, burlón, indiferente, etcétera).

c)

En primera persona, en forma de monólogo interno, desde el punto de vista del que se cayó.

En esta sesión hemos decidido hacer una breve visita a los principales géneros literarios, con la idea de que los conozcas y los practiques. Esperamos que al final de esta experiencia descubras un poco más de tu propia voz y tengas más claridad acerca de tu propia escritura y de tus propias intenciones: sabrás en qué género te sientes más cómodo o qué clase de cosas quisieras escribir. Además, seguramente se ampliará tu interés por leer géneros y autores diferentes de aquellos a los que estás habituado. En este acercamiento a los géneros literarios seguiremos las ideas de la escritora Ethel Krauze.

Tradicionalmente, los textos producidos por los escritores se han agrupado en ciertas categorías o clases, es decir, en ciertos géneros que presentan características en común. Los estudiosos de la literatura de todas las épocas han intentado definir y explicar cada uno de ellos.

De la antigua Grecia procede la clasificación más conocida, que ha seguido vigente durante muchos siglos, en tres grandes categorías: poesía épica, poesía lírica, poesía dramática. Se le llamaba *poesía* no solo porque todos los textos agrupados bajo este nombre se escribían en verso, sino por la intención estética que los motivaba. Hoy en día conservamos esta clasificación, pero llamamos al conjunto *literatura*, y a sus partes, narrativa, poesía y texto dramático. Visitemos brevemente cada género y su evolución.

La épica

Se llamó originalmente épica a aquella literatura que narra sucesos. Los grandes textos épicos refieren acontecimientos, en especial grandiosos y heroicos, en los que lo histórico se mezcla con frecuencia con lo sobrenatural y lo maravilloso. Tienen carácter colectivo: son hechos realizados por un pueblo, los cuales constituyen su mayor gloria y, en cierto modo, el retrato de su espíritu. Los ejemplos principales de la épica en la literatura griega son *La Ilíada* y *La Odisea*. Más tarde encontramos otros ejemplos: *La Eneida*, de Virgilio; el *Cantar del Mío Cid*, el *Cantar de Roldán*, *Los Nibelungos*, etcétera.

La palabra *épica* ha pasado a nuestro lenguaje como un adjetivo: hoy decimos que algo es épico cuando es grandioso, tremendo, muy grande o muy trabajoso. Lo mismo sucede con la palabra *epopeya*, que designaba cierta clase de poema épico y que hoy suele usarse como sinónimo de épico. "Nuestro viaje fue toda una epopeya".

A través de los siglos, la épica dio origen a varios géneros que, aunque diferentes, tienen algo en común: narran acontecimientos.

Los géneros herederos de la épica (del griego *epos*, 'narrar') se suelen denominar así: narrativa. Además de la *crónica*, que narra sucesos reales, los principales géneros de la narrativa son el *cuento*, si se trata de "inventar" una situación que modifica el transcurrir de las cosas, y la *novela*, si son varias situaciones que hablan del devenir de uno o más personajes. Otros ejemplos de textos narrativos son la leyenda, la fábula, la parábola. Todos estos géneros, en donde los personajes y las situaciones no son verdaderos, sino inventados, es decir, ficticios, se denominan también *de ficción*.

Ahora lee este ejemplo que pertenece a la narrativa. Es un fragmento de la novela *Noticias del Imperio*, de Fernando del Paso.

· · ·

Flor de todas las flores era ella, señor juez. Flor de todas las mieles. Miel de tronadora sus palabras. De jarabe de rosa oscura su boca. Yo, señor, soy humilde. Vengo de lejos, de una montaña muy empinada donde si usted mira para arriba, verá a los tucanes que beben agua en los cálices de las orquídeas retrepadas en las copas de los árboles más altos. Yo, antes que nada, quiero que conste de hoy en adelante lo mucho que quería yo a Concepción, y lo mucho, también, que puedo quererla todavía. Y cómo no va a ser así, cómo no iba a ser, señor juez, si como le digo Concepción era flor de todas las flores. Flor en sus pisadas, jazmín cuando dormía, violeta cimarrona de hojas viscosas en las que se pegaban, como mosquitos, todos esos galanes que querían hacerla suya, cuando que era mía. Mía y de mi voluntad, de mis brazos, niña de mis ojos, amapolita morada. Cómo no iba yo a querer a Concepción que cuando la conocí era casi una niña, y digo casi porque la mujer que fue después ya la tenía a flor de piel. [...]

Para entonces ya vivíamos juntos yo y Concepción Sedano, que comenzó a apellidarse así desde que nos habíamos casado. Yo, con mis propias manos, le tejí su diadema de capullos de naranjo y le cosí a su velo de novia más de cien margaritas del campo y también con mis propias manos y con lirios y alcatraces y azucenas iluminé el templo, y esa noche, señor juez, dicho sea con toda modestia, esa noche con algo más que mis manos desfloré a Concepción Sedano. [...] Y ahora dígame usted qué se puede hacer si se tiene trabajo y religión y la comida no falta, ni una hamaca para las tardes del domingo, qué se puede hacer sino ser feliz casi a la fuerza. Y si lo fuimos, si fuimos felices algún día, comenzamos a dejar de serlo, primero muy poco a poco cuando el Señor Don Maximiliano llegó a la Residencia Borda, y después muy repentinamente, el día en que yo me di cuenta que Don Maximiliano miraba a Concepción, y Concepción miraba a Don Maximiliano con una clase de mirada que yo nunca había visto, con una clase de mirada que parecían haber inventado entre los dos. [...]

· · ·

La lírica

La poesía lírica ha pasado a llamarse, en nuestros días, *poesía* a secas. Es un texto que expresa (o celebra o canta o llora) las emociones del que escribe. Expresa los sentimientos, la intimidad del poeta. A diferencia de la épica, en donde el autor narra hechos que suceden fuera de él, en la lírica el autor nos habla de su interior. Además, en la lírica el movimiento o la progresión temporal suelen estar ausentes, porque el autor nos presenta vivencias momentáneas o eternas e intemporales. En el *Diccionario de uso del español*, de María Moliner, leemos:

> **Poesía.** (del verbo griego *poieio*, 'crear'). Género literario exquisito; por la materia, que es el aspecto bello o emotivo de las cosas; por la forma de expresión, basada en imágenes extraídas de sutiles relaciones descubiertas por la imaginación, y por el lenguaje, a la vez sugestivo y musical, generalmente sometido a la disciplina del verso.

Un verso es cada renglón del poema. Cada conjunto de versos es una estrofa. El texto se llama poema, y el género, poesía. Puede tener o no metro y rima, aunque siempre tendrá ritmo. Un texto en prosa, si fundamentalmente expresa una emoción, si usa imágenes y metáforas y sus palabras están elegidas con cuidado para darnos una sonoridad musical, rítmica, se denomina *poema en prosa* o *prosa poética*.

Fíjate cómo la intención principal de la poesía no es narrar, ni explicar nada. Solo cantar. A continuación te ponemos varios ejemplos.

Los dos primeros son poemas traducidos del náhuatl y algunos autores los atribuyen al rey Netzahualcóyotl.

No acabarán mis flores,
no cesarán mis cantos.
Yo cantor los elevo,
se reparten, se esparcen.
Aun cuando las flores
se marchiten y amarilleen,
serán llevadas allá,
al interior de la casa
del ave de plumas de oro.

Esfuércese, quiera mi corazón,
las flores del escudo,
las flores del Dador de la vida.
¿Qué podrá hacer mi corazón?
En vano hemos llegado,
en vano hemos brotado sobre la tierra.
¿Solo así he de irme,
como las flores que fueron pereciendo?
¿Nada quedará de mi nombre?
¿Nada de mi fama aquí en la tierra?
¡Al menos flores, al menos cantos!
¿Qué podrá hacer mi corazón?
En vano hemos llegado,
En vano hemos brotado sobre la tierra.

Gocemos, oh amigos,
haya abrazos aquí.
Ahora andamos sobre la tierra florida.
Nadie hará terminar aquí
las flores y los cantos:
ellos perduran en la casa del Dador de la vida.

A UNA ROSA
Sor Juana Inés de la Cruz

*En que da moral censura a una rosa,
y en ella a sus semejantes*

Rosa divina que en gentil cultura
eres, con tu fragante sutileza,
magisterio purpúreo en la belleza,
enseñanza nevada a la hermosura.

Amago de la humana arquitectura,
ejemplo de la vana gentileza,
en cuyo ser unió naturaleza
la cuna alegre y triste sepultura.

¡Cuán altiva en tu pompa, presumida,
soberbia, el riesgo de morir desdeñas,
y luego desmayada y encogida,
de tu caduco ser das mustias señas,
con que con docta muerte y necia vida,
viviendo engañas y muriendo enseñas!

· · ·

La dramática

Los griegos llamaron poesía dramática a los textos escritos para ser representados sobre un escenario. En su forma original y durante largo tiempo, el texto dramático se organizaba en varios actos, formados a su vez por escenas, momentos de la trama que transcurren en cierto lugar y entre ciertos personajes. Hoy es poco común que se escriban obras tan largas. La mayoría de los textos actuales cuenta con un acto único, en el que las escenas, si las hay, suceden de modos muy diversos.

Los antiguos griegos establecieron también los elementos básicos del texto dramático: los diálogos o parlamentos y las acotaciones, que indican aquellas acciones e intenciones de los personajes indispensables para el transcurrir de la obra. Con el tiempo, se añadieron acotaciones que señalan el tiempo y el espacio, a modo de guía para los responsables de la escenografía, el vestuario y la iluminación.

Los géneros dramáticos que nos llegan de la antigua Grecia son la tragedia y la comedia, representadas por la famosa imagen de las dos máscaras, una con gesto triste y la otra sonriente. Después habrían de desarrollarse la farsa, el melodrama, la tragicomedia y la pieza. De estos temas y otros géneros posteriores hablaremos en el capítulo dedicado al texto dramático.

Por el momento, baste con aclarar que hoy en día la dramática también incluye, además de la escritura de obras de teatro, la escritura de **guiones**. Se pueden escribir guiones para el cine, para la televisión o para la radio. En estos textos el autor especifica, con todo detalle, tanto las palabras que dirán los actores, como todos los demás elementos del programa o de la película: la música, los sonidos, la descripción del escenario, las luces, etc. Pero ojo: estos guiones solo se consideran literarios cuando el propósito del escritor es claramente artístico.

Lee este fragmento del primer acto de la obra de teatro *Doña Rosita la soltera*, de Federico García Lorca:

Habitación con salida a un invernadero.

TÍO: ¿Y mis semillas?

AMA: Ahí estaban.

TÍO: Pues no están.

TÍA: Eléboro, fucsias y los crisantemos, Luis Passy violáceo y altair blanco plata con puntas heliotropo.

TÍO: Es necesario que cuidéis las flores.

AMA: Si lo dice por mí...

TÍA: Calla. No repliques.

TÍO: Lo digo por todos. Ayer me encontré las semillas de dalias pisoteadas por el suelo. (Entra en el invernadero). No os dais cuenta de mi invernadero; desde el ochocientos siete, en que la condesa de Wandes obtuvo la rosa muscosa, no la ha conseguido nadie en Granada más que yo, ni el botánico de la Universidad. Es preciso que tengáis más respeto por mis plantas.

AMA: Pero ¿no las respeto?

TÍA: ¡Chist! Sois a cual peor.

AMA: Sí, señora. Pero yo digo que de tanto regar las flores y tanta agua por todas partes van a salir sapos en el sofá.

TÍA: Luego bien te gusta olerlas.

AMA: No, señora. A mí las flores me huelen a niño muerto, o a profesión de monja, o a altar de iglesia. A cosas tristes. Donde esté una naranja o un buen membrillo, que se quiten las rosas del mundo. Pero aquí... rosas por la derecha, albahaca por la izquierda, anémonas, salvias, petunias y esas flores de ahora, de moda, los crisantemos, despeinados como unas cabezas de gitanillas. ¡Qué ganas tengo de ver plantados en este jardín un peral, un cerezo, un caqui!

TÍA: ¡Para comértelos!

AMA: Como quien tiene boca... Como decían en mi pueblo:

La boca sirve para comer,

las piernas sirven para la danza,

y hay una cosa de la mujer...

(Se detiene y se acerca a la Tía y lo dice bajo).

TÍA: ¡Jesús! *(Signando).*

AMA: Son indecencias de los pueblos. *(Signando).*

...

La filosofía y el ensayo

Por otra parte, desde el siglo VII a.C., además de los textos pertenecientes a la épica, la lírica y la dramática, también encontramos en Grecia otra clase de escritos. Son los textos producidos por la Filosofía.

La filosofía no es un género literario, aunque los filósofos escriban.

Se decía antiguamente que la filosofía era la ciencia que explicaba las causas de todas las cosas. Al paso de los siglos el saber se fue especializando y en vez de que una ciencia estudiara a todos los seres y a todas las causas, surgieron las diversas ciencias, tal como hoy las conocemos, dedicadas cada una a su propio campo.

Hoy la filosofía se entiende como un conjunto de razonamientos encaminados a explicar la naturaleza, las relaciones, la causa y la finalidad del mundo y del ser humano, y como la disciplina que estudia ese conjunto de razonamientos expuestos por los pensadores de las distintas épocas.

El texto filosófico, al igual que el texto científico, no pretende narrar historias o sucesos, ni quiere cantar los sentimientos más íntimos del que escribe. Busca explicar. No busca el valor estético, como hace la poesía y toda la literatura. Aunque algunos filósofos escribieran en forma muy bella, como Platón o Pascal, su finalidad era otra. La filosofía pretende encontrar verdades universales y trata de ser impersonal, objetiva. Aquí encontramos otra diferencia con la literatura. El texto literario se solaza en el detalle, la particularidad, la singularidad, la expresión subjetiva de algún asunto.

Sin embargo, en última instancia, la filosofía es el origen de un género literario moderno, muy usado en nuestros días: el *ensayo*.

El ensayo es un texto en prosa que trabaja con ideas. Su función es pensar, reflexionar, conjeturar. Podríamos decir que tiene tanto un carácter expositivo como uno argumentativo. Conserva cierto sabor filosófico, pero como es un género literario, se preocupa también por el valor estético; es juego de ingenio y juego con las palabras; es pensamiento, pero pensamiento original y personalísimo del autor.

Hay muchísimas clases de ensayos. Las tesis que escriben los universitarios suelen ser un ensayo. El artículo de fondo de un periódico también tiene forma de ensayo. Explorar de manera aguda y original un tema cualquiera, relacionándolo con otros temas, recurriendo a otros autores para fundamentar la opinión particular de quien escribe, es un ensayo.

Hay ensayos muy académicos, de gran extensión, llenos de citas y de notas, que suelen ser muy difíciles y muy áridos. Pero también hay ensayos ligeros, divertidos, breves, con un lenguaje muy cuidado, como algunos de Salvador Novo o de Oscar Wilde, que reflexionan sobre temas como la moda masculina, o sobre las diferentes clases de pan que existen en México. El ensayo es también, pues, un género literario.

Lee este ejemplo tomado del libro *De la vida de las plantas y de los hombres*, escrito por el científico Manuel Rojas Garcidueñas:

No hay duda de que las plantas son sensibles a muchos más estímulos de los que supone la mayoría de la gente y dan lugar a fenómenos muy curiosos que aún no entendemos por completo. Pero no hay que sobrepasarse; hace varios años fue una moda el tratar a las plantas como si fuesen perros. Se dijo que responden a la música y que les gusta más Mozart que el rock, lo cual es digno de aplauso, pero la verdad es que las plantas no tienen receptores para los sonidos. Algunas personas se dejaron llevar por el entusiasmo en tal forma que llegaron a asegurar que las plantas adivinan el pensamiento, de modo que si me aproximo a un rosal con la aviesa intención de romperle las ramas se marchita de miedo antes de que lo toque. Ojalá fuese así, pues entonces el combate contra las malezas sería fácil, barato y sin problemas de contaminación: bastaría mirarlas con odio o quizá gruñirles un poco para deshacerse de ellas.

Lo que conocemos sobre la sensibilidad de las plantas es suficientemente interesante y encierra bastantes misterios para mantener ocupados a los científicos durante años por venir. No compliquemos las cosas con hipótesis indemostrables o fuera de toda lógica científica como las que se presentan en el libro *La vida secreta de las plantas* [...]. La planta es un sistema sensible, cierto, pero no es material para ser estudiado por los psicoanalistas.

Para terminar, aclaremos varias cosas

Los límites o las fronteras entre los géneros son muy flexibles. La clasificación que hemos dado aquí no es absoluta ni se puede entender como algo preciso e inmutable. Existen multitud de textos literarios difíciles de ubicar en un género; la mayoría de los textos pueden al mismo tiempo narrar y describir, cantar sentimientos, sostener o refutar ideas u opiniones. Los ubicamos en algún género según la finalidad que predomine en ellos.

Probablemente habrás notado que todos los ejemplos que pusimos pertenecen a un género, pero se contagian de los otros. Todos tienen algo de poético; todos plantean algún argumento. El soneto de Sor Juana es profundamente filosófico y contiene, además del hermoso canto, todo un ensayo. Y Fernando del Paso y Federico García Lorca nos acarician con la música de sus palabras y con sus imágenes poéticas, y nos transportan a otros lugares y nos vuelven entrañablemente reales a sus personajes.

Por otra parte, sabemos que primero existieron los textos literarios y luego surgieron los estudiosos que se dedicaron a analizarlos y clasificarlos. Incluso, si consideramos la historia del arte, encontraremos que los más geniales creadores fueron aquellos que de alguna manera rompieron las reglas del género que trabajaban.

No te preocupes mucho por encasillarte en algún género. Primero escribe, y luego mirarás de qué género te resultó. De todos modos, es de mucha utilidad conocer esta clasificación, porque a veces podrás corregir algún trabajo del que no te sientas muy seguro bajo esta luz: encontrarás que tu poema en realidad no era un poema. Que lo que querías escribir era más bien un ensayo. ¿O tal vez un cuento?

· · ·

1.

Lee con cuidado toda la información anterior.

2.

Escribe un texto alrededor de la siguiente situación:

Una muchacha de 20 años descubre que está embarazada. El novio se niega a aceptar que ese niño sea de él.

Hay muchísimas maneras de abordar este tema. Puedes inclinarte por la épica, y contar una historia. Es posible narrar los acontecimientos desde el punto de vista de la chica, o del muchacho, o relatar los hechos como quien los ve desde afuera. Dale a tu texto el desenlace que quieras. O bien, ponte lírico, identifícate con los personajes y expresa lo que sienten en lo más hondo de su corazón. Podrías también reflexionar desde un punto de vista general. O relacionarlo con algo que te pasó a ti y sacar algunas conclusiones.

3.

Cuando termines, analiza cuál fue la intención principal de tu texto, y brevemente explica de qué género resultó, y por qué.

Decíamos en la sesión dedicada al panorama de los géneros que la poesía es el canto de las emociones. Bueno, pues esta afirmación es más literal de lo que se creería. No en vano hay denominaciones como *cantiga, cantar, canción, canto, cántico, vals, coplas, serenata*. De la infancia, nos quedan por igual poemas que canciones, casi como si fuesen la misma cosa:

> Aquel caracol
> que va por el sol,
> en cada ramita
> llevaba una flor.
> ¡Que viva la vida!
> ¡Que viva el amor!
> ¡Que viva la gala
> de aquel caracol!

Imposible recordar así ejemplos en prosa. Por más que nos haya gustado una novela, somos incapaces de recitar cualquiera de sus páginas, ya no digamos las doscientas o trescientas que la conforman. Si hablamos de ella, decimos de qué trata, ensalzamos quizás el trazo de los personajes o contamos un episodio en detalle, pero lo hacemos con nuestras palabras. Sería absurdo intentar repetir las del autor, no solo porque nos falta memoria sino porque están dispuestas para articular un discurso sin un patrón establecido. La prosa se fragmenta (con signos de puntuación) principalmente para aclarar los significados de los hechos o las ideas que desarrolla. En cambio, la poesía respira con las pausas obligadas del verso, las cuales responden a una lógica distinta a la del habla cotidiana. Fijémonos en el acomodo de esta quinteta de fray Luis de León:

> ¡Qué descansada vida
> la del que huye del mundanal ruido
> y sigue la escondida
> senda, por donde han ido
> los pocos sabios que en el mundo han sido!

Percibimos de un vistazo que las palabras anteriores se agrupan a partir de necesidades métricas. ¿Qué es eso? Cuenta las sílabas de cada verso, pero no las sílabas gramaticales sino las fonéticas, o sea, las que por su sonido implican una sola emisión de voz, y sabrás:

Qué-des-can-sa-da-vi-da = 7 sílabas (verso heptasílabo)
la-del-que-hu-ye-del-mun-da-nal-rui-do = 11 sílabas (verso endecasílabo)
y-si-gue-laes-con-di-da =7 sílabas*
sen-da-por-don-dehan-i-do =7 sílabas

los-po-cos-sa-bios-queen-el-mun-dohan-si-do =
11 sílabas

*Ojo: En este verso se advierte cómo al estar dos vocales juntas conforman una sola sílaba fonética. A esto se le llama *sinalefa*. Observa que la sinalefa no se produce si una de las vocales es acentuada (como en "que huye").

¡Ah!, dirás cuando, al desbaratar la estrofa, queda claro que fray Luis de León quiso hacer un poema medido en heptasílabos y endecasílabos (una *lira*, de la que más tarde hablaremos): su propuesta formal, y no otra cosa, lo obligó a separar las ideas de un modo que en prosa no tendría sentido. Si juegas a transcribirlo como párrafo, verás que si en vez de las pausas que marcan los versos pones comas o puntos, pierde su encanto. Pero es poesía: qué bien se ve.

Y qué bien se oye, gracias al ritmo que le imprimen los acentos fonéticos y la rima o repetición de sonidos en las últimas sílabas. Observa que las palabras finales de todos los versos son graves, o sea, reciben el acento fonético en la penúltima sílaba, y fíjate cuáles sonidos concuerdan entre sí:

vida
ruido
escondida
ido
sido

Métrica, ritmo y rima son elementos que se engarzan de una manera repetida al modo en que lo hacen las notas para crear una sonata. Eso es lo que nos permite tararear lo mismo un poema que una canción. Aun el verso libre juega con repeticiones, pero por ahora nos basta con asomarnos a la poesía clásica para entender los mecanismos básicos. El estudioso Francisco Rico dice en su antología *Mil años de poesía española*: "Un poema es esencialmente un objeto verbal forjado para permanecer en la memoria y por ello construido como una red de vínculos capaces de lograr que la evocación de uno solo de sus componentes arrastre a la evocación de todos los restantes". Así, por ejemplo, si alguien asombrado ante la fugacidad de la juventud dice:

cómo se pasa la vida

es probable que quien lo escuche evoque las *Coplas a la muerte de Don Rodrigo Manrique*, escritas por su hijo, Jorge Manrique:

cómo se viene la muerte
tan callando

Se trata, por supuesto, de palabras cargadas de un significado entrañable, pero la posibilidad de recordarlas textualmente nos viene de su perfecto acomodo: la métrica de ocho por cuatro, el ritmo marcado por los acentos sobre las primeras y penúltimas sílabas y la repetición literal: *cómo se*, seguida por dos frases contrarias en sentido pero semejantes en ritmo: *pasa la vida* y *viene la muerte*. No sobra ni falta una sola letra.

> **Tarea**
>
> *Lee con cuidado la estrofa completa y encuentra la lógica interna de sus versos.*

Recuerde el alma dormida,
avive el seso y despierte,
contemplando
cómo se pasa la vida,
cómo se viene la muerte
tan callando;
cuán presto se va el plazer*,
como después de acordado,
da dolor:
cómo, a nuestro parescer*,
cualquiera tiempo pasado
fue mejor.

* Ojo: no se trata de faltas ortográficas, sino que el español de ese tiempo se escribía en forma distinta de la actual. Hay que recordar que la lengua está viva y sus usos se transforman, y tienden a simplificarse.

Variedad de formas

Los poemas responden a patrones establecidos en distintas épocas, igual que sucede con la moda del vestido. En un momento dado, se impone un largo por debajo de la rodilla, amplia falda, cuello alto, manga tres cuartos. Las tiendas entonces se llenan de vestidos de este tipo, que aunque varíen en colorido y textura, se notan –como se dice– cortados por la misma tijera. Así los poemas.

Cantares populares

En el principio de la lengua española, digamos por ahí del siglo XIV, todos los géneros –incluidos los que relatan historias, ya sea de amor, de hechos heroicos o de lo que hoy llamaríamos *nota roja*– se desarrollaban en verso. Las baladas narrativas tomaron en España la forma de *romances*, y esta llegó a México con la conquista y de ella luego se derivaron los corridos. La receta para su elaboración es sencilla: cuartetas medidas con ocho sílabas, y rimadas, a veces de manera asonante, es decir, solo por las vocales, y otras por el final exacto, con consonantes. Por ejemplo:

Estaba Eligio dormido
Es-ta-baE-li-gio-dor-mi-do = 8

su madre andaba rezando
su-ma-drean-da-ba-re-zan-do= 8

Levántate, hijo querido,
Le-ván-ta-tehi-jo-que-ri-do= 8

que Gabriel te anda buscando.
que-Ga-briel-tean-da-bus-can-do= 8

Fíjate en las rimas: riman el verso 1 con el 3 (terminación en *ido*) y el 2 con el 4 (*ando*). En este caso se llaman *rimas consonantes* porque coinciden todas las letras, vocales y consonantes, a partir de la sílaba tónica (o sea, la acentuada). Otros ejemplos de rima consonante son: *mentado* con *enamorado*; *flor* con *amor* y con *jugador*; *pretendo* con *naciendo* con *entiendo*. *Desvelos* con *cielos*; *más* con *jamás* y con *verás*; *batalla* con *calla* y con *canalla*, etcétera.

La rima asonante es donde solo las vocales coinciden. Ejemplos: *baranda* con *plata*; *miedo* con *perro*; *ramas* con *montaña*; *garboso* con *ojos*, y *redondo* y *oro* y *olmo*, con *tricornio*, con *codo*, con *Camborio*.

Observa las rimas asonantes en este ejemplo de Federico García Lorca. Léelo en voz alta, para que lo disfrutes:

Antonio Torres Heredia,
hijo y nieto de Camborios,
con una vara de mimbre
va a Sevilla a ver los toros.

Moreno de verde luna,
anda despacio y garboso,
sus empavonados bucles
le brillan entre los ojos.

A la mitad del camino
cortó limones redondos
y los fue tirando al agua
hasta que la puso de oro.

Y a la mitad del camino,
bajo las ramas de un olmo,
guardia civil caminera
lo llevó codo con codo.

En este fragmento del poema *Prendimiento de Antoñito el Camborio* verás que hay rimas asonantes en los versos pares (o, o). Los versos nones no tienen que rimar, se dejan libres. Es la forma tradicional de hacer un romance. También observa que todos los versos son octosílabos.

Contar con los acentos

Para poder escribir un poema con versos bien medidos, es necesario contar muy bien sus sílabas. Pero la medida que tiene un verso puede resultarnos diferente según donde estén los acentos de su última palabra.

Los ejemplos anteriores tenían solo palabras graves al final de sus versos.

Ahora mira este ejemplo (del corrido mexicano de Rosita Alvírez), que está en versos octosílabos:

Año de mil novecientos
muy presente tengo yo
año en que Rosita Alvírez
Rosita Alvírez murió.

Puede parecerte sorprendente que, aunque suene bien, si medimos los versos resulta que unos son de ocho sílabas y otros de siete. ¿Qué sucedió?

La palabra *novecientos* es grave, es decir, tiene el acento en la penúltima sílaba (no-ve-cién-tos), aunque no lo lleve escrito. Lo mismo la palabra *Alvírez*.

En cambio, en los otros dos, las palabras son agudas. *Yo* y *murió* llevan el acento en la última sílaba.

Cuando queremos hacer octosílabos, la regla para contar las sílabas es como sigue:

Cuando el verso acaba en palabra grave, contamos ocho sílabas, simplemente.

A- ño-de-mil-no-ve-cien-tos = 8

En cambio, si el verso termina con una palabra aguda, o un monosílabo, es decir, cuando el acento cae en la última sílaba del verso, le tenemos que poner una menos: siete sílabas, porque el acento al final vale por dos. Es decir, un verso octosílabo con palabra aguda al final tiene que ser de siete sílabas. Ejemplo:

muy- pre- sen- te- ten- go- yo = 7 (+1 por el acento = 8)
Ro- si- taAl- ví- rez- mu- rió= 7 (+1 por el acento = 8)

Y al contrario, si acaso usáramos una esdrújula al final del verso, tendríamos que poner una sílaba de más. El poema que viene a continuación tiene un ritmo de cinco sílabas. Si todas las palabras finales fueran graves, los versos serían de cinco sílabas.

Pero al terminar con una esdrújula, es necesario poner una más: 6

Si acaba con una palabra aguda, tenemos que poner una menos: 4

Con esta vieja canción popular mexicana, llena de esdrújulas, quedará más claro. Fíjate en el ritmo, que es de cinco, aunque ningún verso tiene cinco, porque ninguno acaba en grave:

...

EL MURCIÉLAGO

En noche lóbrega, (6)
galán incógnito (6)
las calles céntricas (6)
atravesó; (4)
y bajo clásica
ventana gótica
templó su cítara
y así cantó:
Virgen purísima
de faz angélica
que entre las sábanas
durmiendo estás.

Despierta y óyeme
que entre mis cánticos
suspiros prófugos
escucharás.
La bella sílfide
que oyó estos cánticos
entre sus sábanas
se arrebujó,
y dijo: Cáscaras,
a este murciélago
que anda romántico
no le abro yo.

Tarea 2

a)

¿Recuerdas algún corrido? Escríbelo y analiza su composición.

b)

Escribe un corrido de tu propia invención tomando cualquier hecho que te parezca digno de ser contado (y cantado). Si no se te ocurre el tema, hojea el periódico: está plagado de magníficas ideas.

Lírica del Renacimiento

Los poetas comenzaron a hacer quiebres del octosílabo tradicional, incorporando, por ejemplo, un verso de cuatro que resalta en el conjunto. Este tipo de movimientos enriquecieron los poemas, sin apartarse, sin embargo, de la simetría y de los juegos de correspondencia fonética y de significado que distinguen a la poesía clásica.

Leamos estas coplas para entender de qué trata este paso en la historia de la poesía.

...

A LA TRISTEZA
Juan Boscán

Tristeza, pues yo soy tuyo,
tú no dejes de ser mía,
mira bien que me destruyo,
solo en ver que la alegría
presume de hacerme suyo.
¡Oh tristeza!,
que apartarme de contigo
es la más alta crueza
que puedes hacer conmigo.

...

La lira

El deseo de los renacentistas por acercarse a los antiguos clásicos los llevó a imitar los poemas latinos. Es el caso de Garcilaso de la Vega, quien al lograr en español una oda al estilo del poeta Horacio, creó la primera lira. De este modo, se influyen las lenguas y abren nuevos caminos de expresión. La lira se basa en versos de métrica non, lo que la aparta del natural octosílabo del castellano. Versos de siete sílabas se combinan con otros de once. Veamos dos fragmentos de la oda que dio nombre a esta forma poética, fijándonos en la alternancia de métrica y rima de sus quintetas:

Si de mi baja lira = 7
tanto pudiese el son que un momento = 11
aplacase la ira = 7
del animoso viento = 7
y la furia del mar y el movimiento = 11

Mas solamente aquella = 7
fuerza de tu beldad sería cantada = 11
y alguna vez con ella = 7
también sería notada = 7
el aspereza de que estás armada... = 11

Tarea 3

Escribe una quinteta en forma de lira.

El soneto

Abierta la puerta a nuevas métricas, la poesía en español alcanza la excelencia en el soneto. Dos cuartetas seguidas de dos tercetas, escritas en endecasílabos, en rima consonante la primera y la última sílabas de cada estrofa así como las de en medio, y entre sí rimadas las líneas sueltas de las dos tercetas. Nada mejor para ejemplificar esta forma que el soneto de Lope de Vega que trata del soneto mismo, incluido en la comedia *La niña de plata*.

> Un soneto me manda hacer Violante,
> que en mi vida me he visto en tal aprieto;
> catorce versos dicen que es soneto;
> burla burlando van los tres delante.
>
> Yo pensé que no hallara consonante,
> y estoy a la mitad de otro cuarteto;
> mas si me veo en el primer terceto,
> no hay cosa en los cuartetos que me espante.
>
> Por el primer terceto voy entrando,
> y parece que entré con pie derecho,
> pues fin con este verso le voy dando.
>
> Ya estoy en el segundo, y aun sospecho
> que voy los trece versos acabando;
> contad si son catorce, y está hecho.

Tarea 3

Para continuar esta jugosa sesión, escribe un soneto. No te espantes: sigue el ejemplo de Lope de Vega. Cuenta, escucha tus palabras, haz tus rimas. No olvides que la literatura, como dijo Bernard Shaw, requiere un diez por ciento de inspiración y un noventa por ciento de transpiración. Es cosa de tiempo y dedicación.

¿Y el lenguaje figurado?

Como podemos notar, las figuras son un recurso más de la poesía. En el soneto de Lope no encontramos ninguna y no por eso deja de ser un poema. Pero en la lira de Garcilaso hallamos una lira (instrumento musical) que quisiera aplacar la ira del animoso viento y la furia del mar, lo que conforma sin duda una imagen, es decir, una figura que adjudica emoción y voluntad a objetos o fuerzas inanimadas. ¿Y qué decir de *Tristeza*, el poema de Boscán? No se queda atrás: convierte al sentimiento aludido en personaje amado que desdeña. La imagen y la metáfora son elementos primordiales de gran parte de la poesía, pero no son lo que la caracteriza, o al menos no lo único. La métrica, el ritmo, la repetición, la rima, es decir, la forma, es lo que hace un poema. Por eso, hay quien piensa que hablar de poema en prosa o de prosa poética no tiene gran sentido.

Verso libre

Más cerca de nosotros en el tiempo están los inventores del verso libre. Los poetas influidos por las ideas de libertad que sembró a finales del XVIII la Revolución francesa desearon romper los moldes preestablecidos, hacer volar la pluma sin más norma que el sentir del artista. La tradición se sacudió furiosa contra quienes defendían tales principios, pero estos terminaron imponiéndose porque, en verdad, las viejas formas eran ya incompatibles con la rapidez de los cambios en los últimos siglos y con la necesidad de expresar la subjetividad del individuo por encima de todo. Sin embargo, a algunas normas ha de apegarse un poema si quiere seguir siendo poema. Y la primera es la subsistencia de la escritura en verso, en líneas cortadas que de algún modo se corresponden unas con otras. Como dice el mencionado Francisco Rico:

> La rima o el impulso de la rima se hace presente a cada paso en el verso libre: concordancias y armonías fonéticas, duplicaciones de sílabas y, naturalmente toda la infinita gama de aliteraciones (empleo de voces que repiten las mismas letras) fuerzan a relacionar y vincular entre sí los varios elementos que fluyen pero no se pierden en el discurso poético... Los oídos no han de dejarse engañar por los ojos. Tras la apariencia caprichosa de incontables poemas a menudo es obligado descubrir la música de los metros tradicionales.

Leamos este poema de Ricardo Yáñez, mexicano contemporáneo:

Tú aún no usabas chanel
usabas avón todavía
era aquella tarde bajo los árboles
tarde de mucho viento y nubes de lluvia
tú llevabas tu vestido verde
aquel de rayas verdes y más verdes y
más verdes ligerísimo
y yo llevaba tres pesos y huaraches
y un libro yo creo que ladera este

nos besamos claro y las hojas de los árboles removíanse
y las hojas en el suelo de hojas
secas también removíanse
y crujían las hojas secas bajo nuestros
cuerpos abrazados.

Tarea 3

Marca en el poema de Yáñez las correspondencias,
repeticiones, rimas consonantes o asonantes.
Después de analizarlo: ¿qué piensas y qué sientes?

Después de la jornada que resultó un tanto peligrosa y accidentada dentro de los vericuetos de la poesía, entraremos hoy en territorios más tranquilos, más conocidos, más familiares.

Durante las siguientes sesiones nuestros textos caminarán por la narrativa. Como bien recordarás, esta abarca a su vez varios géneros. Te invitamos a conocer y a utilizar algunos recursos que te servirán mucho en cualquier campo narrativo, tanto en la crónica como en el cuento o en la novela.

Dispongámonos, pues, a contar. Ahora no es cosa de contar sílabas: vamos a tratar de contar sucesos, aventuras, peripecias.

En esta épica sesión vamos narrar la realidad.

...

Tarea

Regresa a la sesión de los géneros, y vuelve a leer lo que dijimos acerca de la narrativa y de la crónica.

Una vez que has recordado lo que es la crónica, para que entiendas mejor este género te invitamos a leer lo que dice sobre él Carlos Monsiváis:

A los conquistadores españoles la crónica les resulta instrumento de consolidación: a la gesta de tan bravos y leales súbditos le corresponde el canto homérico que combine intimidación y relatos majestuosos, ojos maravillados y la sangre chorreante en los altares. Los cronistas de las Indias observan, anotan, comparan, inventan. Su tarea es hacer del Nuevo Mundo territorio habitable a partir del coraje, la fe, la sorpresa destructiva ante los falsos ídolos. «Nuestra literatura –afirma Alfonso Reyes en *Letras de la Nueva España*– es hecha en casa. Sus géneros nacientes son la crónica y el teatro misionario o de evangelización». [...] La crónica primitiva no corresponde por sus fines a las bellas letras, pero las inaugura y hasta cierto punto las acompaña. Fue empeño de conquistadores, deseosos de perpetrar su fama; de misioneros que, en contacto con el alma indígena y desdeñosos de la notoriedad, ni siquiera se apresuraron muchas veces a publicar sus libros, y a quienes debemos cuanto nos ha llegado de la antigua poesía autóctona; y en fin, de los primeros escritores indígenas que, incorporados ya en la nueva civilización, y aún torturados entre dos lenguas, no se resignaban a dejar morir el recuerdo de sus mayores.

[... Los viejos cronistas] dan fe de este empleo múltiple de la crónica: sustitución o anticipación de la historia, argucia contra el olvido, regalo del proselitismo religioso, tributo funeral a los vencidos.

[Definición de la crónica:] reconstrucción *literaria* de sucesos o figuras, género donde el empeño formal domina sobre las urgencias informativas. Esto implica la no muy clara ni segura diferencia entre *objetividad* y *subjetividad*, lo que suele traducirse de acuerdo a premisas técnicas: el reportaje, por ejemplo, requerido de un tono *objetivo*, desecha por conveniencia la individualidad de sus autores. [...] En la crónica, el juego literario usa a discreción la primera persona o narra libremente los acontecimientos como vistos y vividos desde la interioridad ajena. Tradicionalmente –sin que esto signifique ley alguna–, en la crónica ha privado la recreación de atmósferas y personajes sobre la transmisión de noticias y denuncias».

(De *A ustedes les consta. Antología de la crónica en México*)

...

Insistimos en hacerte notar que, aunque la crónica ha sido muchas veces un género del periodismo, no se agota en el periodismo. Es también un género literario, que puede existir dentro de los periódicos y fuera de ellos.

Fijémonos en algunas palabras del texto citado:

"Reconstrucción *literaria*". "Recreación de atmósferas y personajes". "El empeño formal domina sobre las urgencias informativas".

¿Qué significa *el empeño formal*?

Significa que el cronista tratará no solo de informar al lector, sino de *cuidar la forma* de su escrito: elegirá las palabras que usa, pulirá sus frases, buscará expresar alguna emoción a través de lo que está narrando, intentará recrear lugares y personas de la manera más detallada y rica posible, para que el lector sienta que él también estuvo ahí.

Por esto siempre insistiremos en la importancia de buscar los detalles, los sonidos, las texturas y los olores, esas pequeñas cosas que vuelven vivo a un texto narrativo y lo convierten en verdadera literatura.

Hay varias formas de hacer crónica. Según Ethel Krauze, hoy en día se consideran subgéneros de la crónica, en primer lugar, el retrato, el autorretrato, la estampa, la viñeta.

En el *retrato* (de alguien) y en el *autorretrato* (de uno mismo) decimos cómo es esa persona. Describimos su físico, sus gestos, su modo de ser, su personalidad. Puede ser más o menos externo o más o menos psicológico o moral, según el gusto del escritor.

La *estampa* es un texto donde contamos cómo es un lugar, un paisaje, una habitación, un barrio, una calle, etc.

La idea es darle al lector todo lo necesario para que nos acompañe a ese lugar.

La *viñeta* puede ser como estampa o como retrato, pero suele ser muy breve: solo unos cuantos trazos.

Los subgéneros anteriores (que tienen nombres tomados de las artes visuales) tienen algo en común: más que narrar sucesos, tratan de recrear lugares o personas, como si pintáramos un cuadro, como si viéramos una fotografía. En ellos predomina la descripción antes que la narración.

Textos como los mencionados fueron resultado de alguna de las sesiones anteriores. ¿Te acuerdas cuáles han sido?

Por el contrario, en los otros subgéneros de la crónica, la narración es lo más importante. Textos como las biografías, las autobiografías, las memorias, las cartas, los diarios y, ¡claro!, las crónicas propiamente dichas –como la crónica de un viaje, la crónica taurina, la crónica de una boda– buscan como finalidad principal contarnos, como si viéramos una película, las cosas que sucedieron. En la crónica, el cronista nos presta sus ojos.

En las biografías y las autobiografías contamos la vida de alguien, o nuestra propia vida. Narramos los sucesos que han ido aconteciendo. Al escribir una biografía, el mayor trabajo consistirá en investigar, para conseguir y acumular datos de la vida del biografiado. En cambio, en la autobiografía, el trabajo es inverso porque tenemos demasiados datos y la tarea es quitar: habrá que elegir cuáles escribimos.

El género llamado *memorias* es autobiografía, pero con ciertos límites. Se considera que la autobiografía cuenta toda la vida del autor. Las memorias eligen una época, un tema, un ángulo desde donde contamos parte de nuestra vida. Por ejemplo, "Memorias de una profesora rural". "Memorias de una paciente psiquiátrica". "Memorias de mi maternidad".

Sin embargo, cualquier texto que hable de momentos de nuestra vida se considera autobiográfico, aunque no sea *toda* nuestra vida y, finalmente, la palabra *memorias* se usa a menudo como sinónimo de *autobiografía*.

Las *cartas*, que constituyen el llamado *género epistolar*, han tenido en la historia de la humanidad una importancia enorme. La carta fue, durante muchísimos siglos, el medio de comunicación por excelencia. Con la aparición del teléfono su importancia disminuyó, y casi cayó en desuso. De alguna manera ha resucitado gracias al correo electrónico, pero estos mensajes de hoy son más breves, inmediatos e informales que aquellas largas cartas que escribíamos demorándonos con la pluma sobre el papel. Hay ciertos tipos de cartas que son famosos, por su uso en las películas o en las novelas, que las ha vuelto, digamos, arquetípicas: la carta echada al mar dentro de una botella; la carta de un suicida; las cartas de amor que se mandaban a escondidas los enamorados por medio de una amiga cómplice; la carta importantísima que es llevada a su destino por una paloma mensajera...

El *diario* es otro de los géneros de la crónica. En él, el autor va anotando día con día lo que le sucede: a veces escribe mucho, a veces poco. En ocasiones ganan los sucesos externos, pero en otros casos la escritura es una exploración psicológica muy profunda, y cuando leemos un diario encontramos una mezcla de ambas cosas: aunque no quiera, el autor de un diario nos está dando tanto partes del mundo que lo rodea como partes de él mismo.

Notemos que en la escritura de un diario, también, hay suspenso: el autor no sabe lo que va a pasar después. No conoce el desenlace. Está inmerso en los acontecimientos, no tiene aún la suficiente perspectiva del autor de unas memorias o de una autobiografía (o de una crónica, o de una carta) que narra las cosas del pasado ya asimiladas.

El viejo diario era un cuaderno personal y secretísimo; hoy existen, por ejemplo, el blog y otras varias maneras de hablar de uno mismo que se publican en internet a los cuatro vientos. No solo ha cambiado el medio de escritura, sino que parecería haber cambiado la concepción misma de lo personal y lo público.

Por último, se llaman *crónicas* a todos esos textos que, simplemente, narran cosas que han sucedido. Hay de muchas clases, desde las llamadas crónicas sociales de los periódicos, que narran –muy mal, por cierto– una boda o la presentación de un libro, hasta las crónicas de guerra o de viaje, como las larguísimas *Cartas de Relación* de Hernán Cortés a Carlos V, donde le contó al rey la conquista de México. En realidad, es posible hacer una crónica sobre cualquier acontecimiento.

La crónica como artificio

Todos los subgéneros mencionados de la crónica existen por sí mismos. Pero además, el autor de cuentos o de novelas, es decir, el que escribe ficción, con situaciones y personajes inventados, a veces usa los recursos de la crónica. Así, muchas novelas están contadas como si fueran memorias de alguien (por ejemplo, *Robinson Crusoe*, *Moby Dick* y muchísimas más). Otras están escritas en forma de diario, o contienen algunas cartas. La novela *La caja negra*, del autor israelí Amos Oz, está escrita totalmente con las cartas que se escriben los personajes.

¿Has leído alguna novela que use cartas o diarios, correos electrónicos, tuits o blogs como recurso narrativo?

En resumen: para que sea más creíble, el autor de ficción todo el tiempo nos intenta convencer de que *de veras* eso sucedió: la ficción se disfraza de crónica.

...

Lecturas

LA CONQUISTA DE MÉXICO
Hernán Cortés

Que a ocho leguas desta ciudad de Churultecal están dos sierras muy altas y muy maravillosas, porque en fin de agosto tienen tanta nieve que otra cosa de lo alto dellas sino la nieve se parece; y de la una, que es la más alta, sale muchas veces, así de día como de noche, tan grande bulto de humo como una gran casa, y sube encima de la sierra hasta las nubes, tan derecho como una vira; que, según parece, es tanta la fuerza con que sale, que aunque arriba en la sierra anda siempre muy recio viento, no lo puede torcer; y porque yo siempre he deseado de todas las cosas desta tierra poder hacer a vuestra alteza muy particular relación, quise desta, que me pareció algo maravillosa, saber el secreto, y envié diez de mis compañeros, tales cuales para semejante negocio eran necesarios, y con algunos naturales de la tierra que los guiasen, y les encomendé mucho procurasen de subir la dicha sierra y saber el secreto de aquel humo de dónde y cómo salía.

Los cuales fueron, y trabajaron lo que fue posible por la subir, y jamás pudieron, a causa de la mucha nieve que en la sierra hay, y de muchos torbellinos que de la ceniza que de allí sale andan por la sierra, y también porque no pudieron sufrir la gran frialdad que arriba hacía; pero llegaron muy cerca de lo alto; y tanto, que estando arriba comenzó a salir aquel humo, y dicen que salía con tanto ímpetu y ruido, que parecía que toda la sierra se acía abajo, y así, se bajaron, y trujeron mucha nieve y carámbanos para que los viésemos, porque nos parecía cosa muy nueva en estas partes, a causa de estar en parte tan cálida.

(De *Cartas de relación*)

LAS TORTAS DE ARMANDO
Artemio de Valle Arizpe

Pues bien, para mí –para mí y para muchos, para una infinidad–, ese callejón no era sino la tortería de Armando. «Las tortas del Espíritu Santo», se les decía a las que con tanta habilidad y sabrosura confeccionaba Armando Martínez; después se les dijo, ya que tuvieron fama, solo «Tortas de Armando». En un zaguán viejo y achaparrado estaba instalada la tiendecilla [...] El caserón a que aludo, ya reconstruido, hoy ostenta el número 38.

Era un placer grande el comer estas tortas magníficas, pero el gusto comenzaba desde ver a Armando prepararlas con habilidosa velocidad. Partía a lo largo un pan francés –telera, le decimos–, y a las dos partes les quitaba la miga; clavaba los dedos en el extremo de una de las tapas y con rapidez los movía, encogidos, a todo lo largo, y la miga se le iba subiendo sobre las dobladas falanges hasta que salía toda ella por la otra punta. Luego ejecutaba la misma operación en el segundo trozo; después, en la parte principal, extendía un lecho de fresca lechuga, picada menudamente; en seguida ponía rebanadas de lomo, o de queso de puerco, según lo pidiera el consumidor, o de jamón, o sardinas, o bien de milanesa de pollo, y solo con estas dos últimas especies hacía un menudo picadillo con un tranchete filosísimo con el que parecía que se iba a llevar los dedos de la mano, con la punta de los cuales iba empujando a toda prisa bajo el filo los trozos de carne, en tanto que con la otra movía el cuchillo para desmenuzarla, con una velocidad increíble.

Con ese mismo cuchillo le sacaba tajadas a un aguacate, todas ellas del mismo grueso. Para esto se ponía la fruta en el hueco de la mano y con decisión le metía el cuchillo por una punta y al llegar al lado contrario lo inclinaba, con lo que el untuoso pedazo quedábase detenido en la ancha hoja, y luego hacía el movimiento contrario sobre el pan y las iba tendiendo sobre él con una inigualable maestría, hasta cubrir las porciones de pollo, milanesa o lo que fuere, y en seguida las tapaba con rajas de queso fresco de vaca, en el que andaba el tal cuchillo con un movimiento increíble de tan acelerado, que casi se perdía de vista. Esparcía pedacillos o bien de longaniza, o bien de oloroso chorizo, y entre ellos distribuía otros trocitos de chile chipocle; mojaba la tapa en el picante caldo en el cual se habían encurtido esos chiles y con una sola pasada dejábala bien untada con frijoles refritos y la ponía encima de aquel enciclopédico y estupendo promontorio, al que antes le esparció un menudo espolvoreo de sal; como final del manipuleo le daba un apretón para amalgamar sus variados componentes, y con una larga sonrisa ofrecía la torta al cliente, quien empezaba por comer todo lo que rebasó de sus bordes al ser comprimida por aquella mano suficiente.

[...] íbamos a menudo a ver a Armando, tan a menudo como nuestros bolsillos, siempre exhaustos, nos concedían esa magnífica licencia, y muchas veces ni la necesitábamos siquiera, puesto que el buen Armando nos fiaba para que le pagásemos a vuelta de buena fortuna, que era el fin de mes. Entrábamos en su tiendecilla y con mucho donaire y gana embaulábamos nuestras magníficas tortas de lomo; de pollo, solo cuando estábamos ricos: costaban quince centavos.

No había para nosotros en ese tiempo manjar más regalado que ese, que tenía el incomparable aderezo del hambre.

(De *Calle vieja y calle nueva*)

...

Tarea

1.

Relata con detalle cómo pasaste la tarde de ayer.

2.

Diario. Escribe una narración con forma de diario. Imagínate que el que escribe es un mexicano que vive en un país extranjero; está solo, y se acerca la Navidad.

3.

Carta. Partiendo de la misma situación, el que escribió el diario ahora escribe una carta, que tenga algo de crónica de viaje, a su familia.

4.

El mismo escritor manda un correo electrónico, con copia a todos sus amigos.

5.

Torta. Confecciónate una torta como las de Armando, y cómetela.

Hasta ahora nuestra narrativa se ha centrado en contar hechos, sucesos. Tal es el universo de la crónica. Pero ahora vamos a trabajar un género que precisa mayor artificio, puesto que transcurre en el terreno de la ficción. Aquí vale la pena detenernos para aclarar que en literatura el término *ficción* no significa mentira o falsedad, como suele hacerlo en el habla común, sino que se refiere a una realidad creada propositivamente para lograr cierto impacto estético. Distinta de aquella que vivimos todos los días, la realidad implicada en un texto de ficción responde a su propia lógica. Los hechos que cuenta pueden ser más o menos fantásticos, pero tienen que estar dispuestos de tal forma que el lector los crea verdaderos, al punto de sufrir, gozar o temer por la suerte que corren los personajes.

¿Es que no pueden escribirse crónicas de ficción? Por supuesto que sí. No sería la tarea de un periodista, un historiador o un biógrafo –quienes deben apegarse a lo sucedido a personas de carne y hueso– pero, en cambio, puede ser la de cualquier escritor cuya aspiración única sea crear una obra literaria.

En realidad, la diferencia fundamental entre la crónica y el cuento reside en la forma. Si tuviéramos que hallar una equivalencia gráfica para ambos géneros, diríamos que en general la crónica es lineal: pasa de un hecho a otro y luego a otro más. Mientras que el cuento, por las características que describiremos, tiende a lo esférico. Los sucesos actúan como fuerzas que chocan entre sí, provocando chispas en el encontronazo. De aquí, una posible imagen del género: un punto que estalla.

Cabe aclarar que si para la física *fuerza* es "toda causa capaz de modificar el estado de reposo o de movimiento de un cuerpo", para la narrativa sería toda circunstancia que moviliza la historia en cierta dirección.

Piénsalo así: cuando un narrador cuenta un viaje, bordando sobre la variedad de platillos, el paisaje y la gente, desarrolla una sola fuerza que impulsa su relato desde el principio hasta el fin del recorrido, y así nos regala una crónica. Pero cuando el narrador se aparta de la descripción cronológica y elabora un incidente que imposibilita el itinerario planeado, desarrolla dos fuerzas: aquella que plantea el viaje y aquella que lo evita. Nos encontramos entonces frente a un cuento, como este del que a continuación te ofrecemos un fragmento.

• • •

Lecturas

EL GUARDAGUJAS
Juan José Arreola

El forastero llegó sin aliento a la estación desierta. Su gran valija, que nadie quiso cargar, le había fatigado en extremo. Enjugó el rostro con un pañuelo, y con la mano en visera miró los rieles que se perdían en el horizonte. Desalentado y pensativo consultó su reloj: la hora justa en que el tren debía partir.

Alguien, salido de quién sabe dónde, le dio una palmada muy suave. Al volverse, el forastero se halló ante un viejecillo de vago aspecto ferrocarrilero. Llevaba en la mano una linterna roja, pero tan pequeña que parecía de juguete. Miró sonriendo al viajero, y este le dijo ansioso su pregunta:

—Usted perdone, ¿ya ha salido el tren?

—¿Lleva usted poco tiempo en este país?

—Necesito salir inmediatamente. Debo hallarme en T mañana mismo.

—Se ve que usted ignora por completo lo que ocurre. Lo que debe hacer ahora mismo es buscar alojamiento en la fonda para viajeros —y señaló un extraño edificio ceniciento que más bien parecía un presidio.

—Pero yo no quiero alojarme, sino salir en el tren.

—Alquile usted un cuarto, inmediatamente, si es que lo hay. En caso de que pueda conseguirlo, contrátelo por mes, le resultará más barato y recibirá mejor atención.

—¿Está usted loco? Yo debo llegar a T mañana mismo.

—Francamente, debería abandonarlo a su suerte. Sin embargo, le daré unos informes.

—Por favor...

—Este país es famoso por sus ferrocarriles, como usted sabe. Hasta ahora no ha sido posible organizarlos debidamente, pero se han hecho ya grandes cosas en lo que se refiere a la publicación de itinerarios y a la expedición de boletos. Las guías ferroviarias comprenden y enlazan todas las poblaciones de la nación, se expenden boletos hasta para las aldeas más pequeñas y remotas. Falta solamente que los convoyes cumplan las indicaciones contenidas en las guías y que pasen efectivamente por las estaciones. Los habitantes del país así lo esperan; mientras tanto, aceptan las irregularidades del servicio y su patriotismo les impide cualquier manifestación de desagrado.

—Pero, ¿hay un tren que pase por esta ciudad?

—Afirmarlo equivaldría a cometer una inexactitud. Como usted puede darse cuenta, los rieles existen, aunque un tanto averiados. En algunas poblaciones están sencillamente indicados en el suelo, mediante dos rayas de gis. Dadas las condiciones actuales, ningún tren tiene la obligación de pasar por aquí, pero nada impide que eso pueda suceder.

(De *Confabulario*)

• • •

No solo por razones de espacio no reproducimos aquí el cuento completo, sino también para que quede como una invitación a acudir a una librería, comprar el *Confabulario* de Arreola, y leerlo de cabo a rabo. Además, por el momento, nos basta el inicio de "El guardagujas" para seguir tejiendo en nuestro asunto, pues en dicho cuento, el choque de fuerzas queda clarísimo. Un viajero quiere ir a T, pero (ojo: en este *pero* está la clave) el funcionamiento peculiar de los ferrocarriles le impone un giro a su destino. He aquí el fundamento del cuento: La fuerza 1 se ve desviada o transformada por la fuerza 2. Esta transformación puede no ser espectacular –las hay tan sutiles que apenas se perciben en el interior del personaje–; sin embargo, debe darse: un texto no es un cuento si la circunstancia original queda intacta.

La unidad de impresión

Aunque el gusto por contar es tan viejo como la humanidad, hubo un momento en que el cuento de tradición oral, del estilo de *Las mil y una noches* o los cuentos de hadas, evolucionó hacia una forma escrita con ciertas reglas. Puede decirse que quien sentó las bases de este ejercicio –alrededor de mediados del siglo XIX– fue Edgar Allan Poe. ¿Qué hizo Poe? Además de cuentos maestros, como *El barril de amontillado*, escribió un ensayo que resume en una característica su defensa del cuento sobre otros géneros: la unidad de impresión.

Si una obra literaria es demasiado larga para ser leída de una sola vez, preciso es resignarse a perder el importantísimo efecto que se deriva de la unidad de impresión, ya que si la lectura se hace dos veces, las actividades mundanas interfieren destruyendo al punto toda totalidad... En tiempos venideros el buen sentido insistirá en medir una obra de arte por la finalidad que llena, por la impresión que provoca, antes que por el tiempo que le llevó llenar la finalidad o por la extensión del «sostenido esfuerzo» para producir la impresión...

Poe señala un rasgo definitorio del cuento: todos sus elementos, cada gesto, cada objeto, cada palabra están puestos para crear un efecto que ilumina de golpe, momentáneamente, como un relámpago, nuestro conocimiento de la vida. Poe alude a la necesaria brevedad, afirmando que la unidad de impresión solo se logra con una lectura ininterrumpida. Pero hoy se cree que esto es relativo. Las sesiones de lectura que se tenían hace más de un siglo eran –en general– más largas de lo que permite el ritmo del tercer milenio. No es gratuita la aparición del cuento ultrabreve, posible de captar de un tirón mientras aguardamos la llegada del metro. Así, calificativos como *corto* o *largo* son tan subjetivos que no ayudan gran cosa a definir si un texto es un cuento. En cambio, la unidad de impresión no deja lugar a dudas. Una novela o una crónica provocan muchas impresiones a lo largo de su desarrollo. Un cuento se centra en una.

Tarea 1

Lee cualquier cuento de Edgar Allan Poe y
fíjate como todo, absolutamente todo, apunta a la
resolución de un enigma.

Características de un buen cuento

Julio Cortázar reflexionó en varios ensayos sobre el arte del cuentista, que él mismo dominaba. Son varias las lecciones que podemos obtener de ellos, pero hay tres básicas referidas a las características de un buen cuento:

Significación

Un mismo tema puede ser profundamente significativo para un escritor, y anodino para otro... En suma, puede decirse que no hay temas absolutamente significativos o absolutamente insignificantes, lo que hay es una alianza misteriosa y compleja entre cierto escritor y cierto tema en un momento dado. Por eso cuando decimos que un cuento es significativo, como en el caso de los cuentos de Chéjov, esa significación se ve determinada por algo que está fuera del tema en sí, por algo que está antes y después del tema. Lo que está antes es el escritor, con su carga de valores humanos y literarios, con su voluntad de hacer algo que tenga sentido; lo que está después es el tratamiento literario del tema... Un cuento es significativo cuando quiebra sus propios límites con una explosión de energía que ilumina bruscamente algo que va mucho más allá de la pequeña y a veces miserable anécdota que cuenta.

Intensidad

Los cuentistas inexpertos suelen caer en la ilusión de imaginar que les bastará escribir lisa y llanamente un tema que los ha conmovido, para conmover en su turno a los lectores. Con el tiempo, con los fracasos, el cuentista capaz de superar esa primera etapa ingenua aprende que en literatura no bastan las buenas intenciones. Descubre que para crear en el lector esa conmoción que lo llevó a él a escribir el cuento, es necesario el oficio de escritor, y que ese oficio consiste, entre muchas otras cosas, en lograr ese clima propio de todo gran cuento, que obliga a seguir leyendo, que atrapa la atención, que aísla al lector de todo lo que lo rodea para después, terminado el cuento, volver a conectarlo con su circunstancia de una manera nueva, enriquecida, más honda o más hermosa... Lo que se llama *intensidad* en un cuento consiste en la eliminación de todas las ideas o situaciones intermedias, de todos los rellenos o fases de transición.

Tensión

Un buen cuento es incisivo, mordiente, sin cuartel desde las primeras frases... El cuentista sabe que no puede proceder acumulativamente, que no tiene por aliado al tiempo; su único recurso es trabajar a profundidad, verticalmente, sea hacia arriba o hacia abajo del espacio literario. El tiempo del cuento y el espacio del cuento tienen que estar condensados, sometidos a una alta presión espiritual y formal... Basta preguntarse por qué un cuento es malo. No es malo por el tema, porque en literatura no hay temas buenos ni temas malos, hay solamente un buen o un mal tratamiento del tema. Tampoco es malo porque los personajes carezcan de interés, ya que hasta una piedra es interesante cuando de ella se ocupan un Henry James o un Franz Kafka. Un cuento es malo cuando se escribe sin esa tensión que debe manifestarse desde las primeras palabras o las primeras escenas.

•••

Lecturas
EN EL INSOMNIO
Virgilio Piñera

El hombre se acuesta temprano. No puede conciliar el sueño. Da vueltas, como es lógico, en la cama. Se enreda entre las sábanas. Enciende un cigarro. Lee un poco. Vuelve a apagar la luz. Pero no puede dormirse. A las tres de la madrugada se levanta. Despierta al amigo de al lado y le confía que no puede dormir. Le pide consejo. El amigo le aconseja que haga un pequeño paseo a fin de cansarse un poco. Que en seguida tome una taza de tilo y que apague la luz. Hace todo esto pero no puede dormir. Se vuelve a levantar. Esta vez acude al médico. Como siempre sucede, el médico habla mucho pero el hombre no se duerme. A las seis de la mañana carga un revólver y se levanta la tapa de los sesos. El hombre está muerto pero no ha podido quedarse dormido. El insomnio es una cosa muy persistente.

•••

Tarea 2

a)

Imagina un personaje que experimenta un deseo,
un impulso.

b)

¿Qué o quién podría oponerse o desviar
el cumplimiento de este deseo?

c)

¿Qué hace el personaje principal? ¿Cómo se trenza
el nudo?

d)

¿Cuál es el desenlace?

e)

Escribe sobre esto un cuento de no más
de una cuartilla.

Sesión 15 / **Construcción del personaje**

Si analizamos los elementos del cuento, veremos que tiene tres principales: la atmósfera, la acción y el personaje. Las tintas pueden cargarse en uno o en otro. Podemos decir, por ejemplo, que *El guardagujas* es un cuento de atmósfera porque el énfasis está en el clima de incertidumbre que nos provoca. En cambio, el cuento de Piñera, *En el insomnio*, parece ser de acción porque la descripción se centra en la batalla entre la necesidad y la imposibilidad de dormir. Si nos fijamos, los personajes de ambos cuentos están trazados a grandes rasgos. Son un viajero –cualquier viajero–, un guardagujas –cualquier guardagujas– y un insomne –cualquier insomne–. Desconocemos sus particularidades, pero no nos preocupa porque queremos sumergirnos en la atmósfera o seguir los pasos de la acción, según el caso. La caracterización arquetípica es suficiente para bordar algunos asuntos. Sin embargo, hay conflictos que se dan por las peculiares formas de ver la vida de algunos personajes, por sus contradicciones y matices, por sus manías. Tal es el caso del cuento magistral del que a continuación te presentamos un fragmento.

...

Lectura

BARTLEBY EL ESCRIBIENTE
Herman Melville

Mis primitivas tareas de escribano de transferencias y buscador de títulos, y redactor de documentos recónditos de toda clase aumentaron considerablemente con el nombramiento de agregado a la Suprema Corte. Ahora había mucho trabajo, para el que no bastaban mis escribientes: requerí un nuevo empleado.

En contestación a mi aviso, un joven inmóvil apareció una mañana en mi oficina; la puerta estaba abierta, pues era verano. Reveo esa figura: ¡pálidamente pulcra, lamentablemente decente, incurablemente desolada! Era Bartleby.

Después de algunas palabras sobre su idoneidad, lo tomé, feliz de contar entre mis copistas a un hombre de tan morigerada apariencia, que podría influir de modo benéfico en el arrebatado carácter de Turkey, y en el fogoso de Nippers.

[...] Al principio, Bartleby escribió extraordinariamente. Como si hubiera padecido un ayuno de algo que copiar, parecía hartarse con mis documentos. Trabajaba día y noche, copiando, a la luz del día y a la luz de las velas. Yo, encantado con su aplicación, me hubiera encantado aún más si él hubiera sido un trabajador alegre. Pero escribía silenciosa, pálida, mecánicamente.

[...] Al tercer día de su estadía, y antes de que fuera necesario examinar lo escrito por él, la prisa por completar un trabajito que tenía entre manos, me hizo llamar súbitamente a Bartleby. En el apuro y en la justificada expectativa de una obediencia inmediata, yo estaba en el escritorio con la cabeza inclinada sobre el original y con la copia en la mano derecha algo nerviosamente extendida, de modo que, al surgir de su retiro, Bartleby pudiera tomarla y seguir el trabajo sin dilaciones.

En esta actitud estaba cuando le dije lo que debía hacer, esto es, examinar un breve escrito conmigo. Imaginen mi sorpresa, mi consternación, cuando sin moverse de su ángulo, Bartleby, con una voz singularmente suave y firme, replicó:

—Preferiría no hacerlo.

—Preferiría no hacerlo —repetí como un eco, poniéndome de pie, excitadísimo y cruzando el cuarto a grandes pasos—. ¿Qué quiere decir con eso? Está loco. Necesito que me ayude a confrontar esta página; tómela —y se la alcancé.

—Preferiría no hacerlo —dijo.

Lo miré con atención. Su rostro estaba tranquilo; sus ojos grises, vagamente serenos. Ni un rasgo denotaba agitación. Si hubiera habido en su actitud la menor incomodidad, enojo, impaciencia, o impertinencia, en otras palabras si hubiera habido en él cualquier manifestación normalmente humana, yo lo habría despedido en forma violenta. Pero, dadas las circunstancias, hubiera sido como poner en la calle a mi pálido busto de Cicerón.

Me quedé mirándolo un rato largo, mientras él seguía escribiendo y luego volví a mi escritorio. Esto es rarísimo, pensé. ¿Qué hacer? Mis asuntos eran urgentes. Resolví olvidar aquello, reservándolo para algún momento libre en el futuro. Llamé del otro cuarto a Nippers y pronto terminamos con el escrito.

Pocos días después, Bartleby concluyó cuatro documentos extensos, copias cuadruplicadas de testimonios, dados ante mí durante una semana en la cancillería de la Corte. Era necesario examinarlos...

—¡Bartleby!, pronto, estoy esperando.

Oí el arrastre de su silla contra el piso desnudo, y el hombre no tardó en aparecer en la entrada de su ermita.

—¿En qué puedo ser útil? –dijo apaciblemente.

—Las copias, las copias –dije con apuro–. Vamos a examinarlas. Tome –y le alargué la cuarta copia.

—Preferiría no hacerlo –dijo, y dócilmente desapareció detrás de su biombo.

Por algunos momentos me convertí en una estatua de sal, a la cabeza de mi columna de amanuenses sentados. Vuelto en mí, avancé hacia el biombo a indagar el motivo de esa extraordinaria conducta.

—¿Por qué rehúsa?

—Preferiría no hacerlo.

Con cualquier otro hombre me hubiera precipitado en un arranque de ira, desdeñando explicaciones, y lo hubiera arrojado ignominiosamente de mi vista. Pero había algo en Bartleby que no solo me desarmaba singularmente, sino que de manera maravillosa me conmovía y desconcertaba.

(Fragmento)

Formas en que el personaje se da a conocer

¿Has quedado intrigado por Bartleby? El autor ha tejido cada palabra para que así sea. De modo que: ¡A la librería! El cuento de Melville forma parte de la *Antología del cuento triste*, una recopilación hecha por Augusto Monterroso y Bárbara Jacobs. Por ahora, unos cuantos párrafos nos dan material para hablar del personaje. ¿Qué sabemos de Bartleby? ¿Y cómo lo sabemos?

Construcción del personaje

Por una parte, tenemos lo que el narrador nos cuenta de él. No lo hace con objetividad pues se trata de otro personaje, así que por fuerza su versión está matizada. Pero por otra parte, tenemos las palabras del propio Bartleby. Ambas cosas, descripción y diálogo, permiten al lector hacerse una idea de un personaje que siendo un copista no es cualquier copista, es un ser único que afecta con su singularidad la vida normal de una oficina.

Ahora, aunque no todos los personajes tengan el peso de Bartleby, en todo cuento hay al menos un personaje y es preciso saber construirlo. Para empezar, hay que tener en mente que aunque nos inspiremos en una persona –una tía, un exmarido, una compañera del trabajo– para crear un personaje, este no tiene por qué guardar fidelidad a la figura que lo inspira. Estamos lejos del terreno de la crónica, en este caso, de la biografía; nos encontramos explorando un género de ficción. Y la ficción es una verdad literaria, que solo se debe fidelidad a sí misma.

Así que depende de qué deseamos hablar en nuestro cuento para fabricar un personaje así o asado. Supongamos que el disparador que nos lleva a escribir sea la manía de mentir de nuestra compañera de trabajo. Muy bien, tomemos de ella los detalles más significativos. Pero quizá para conveniencia del cuento, sea mejor situarla en otro ambiente donde la mentira cobre mayor importancia. Por ejemplo, un Ministerio Público. Entonces nos viene a la memoria el funcionario que nos atendió cuando nos robaron el coche. El modo en que no dejaba de comer caramelos mientras tomaba los datos del percance. En fin, que de algún modo, todo personaje es un Frankenstein en el sentido de que el autor lo fabrica tomando características de aquí y de allá. Pero una vez decididas estas características, el personaje debe cobrar vida propia, guardando coherencia consigo mismo. Si miente por hábito, no puede decir de pronto la verdad sin que haya una razón para este cambio.

Tarea 1

a)

Construye un personaje a partir de responder
estas preguntas:

–¿Cómo se llama?
–¿Qué edad tiene?
–¿Con quién y dónde vive?
–¿A qué se dedica?
–¿Qué es lo que más le gusta?
–¿Qué es lo que más aborrece?
–¿Cómo se viste?
–¿Cuál es el sueño de su vida?

b)

Con esta ficha biográfica construye una descripción
que sitúe al personaje en un momento de decisión.

El habla del personaje

Cabe aquí detenerse en la importancia del diálogo, en el poder que cobran las palabras dichas por un personaje para develar su personalidad. "Preferiría no hacerlo", dice Bartleby y la frase resulta insustituible. Nos informa de un mundo interior, pero a la vez no nos informa de nada. Sugiere, muestra –como diría Hemingway– "la punta de un iceberg".

Dedica una tarde a escuchar cómo habla la gente. Abre tus oídos, alista tu diario de notas y apunta. Fíjate en tus propias palabras, en las de tus hijos, padres y amigos. Acude a un café y espía las conversaciones ajenas. En efecto, es una falta de educación, pero las buenas maneras están peleadas con la buena escritura. Pórtate mal y observa cómo cada quien tiene un modo único de expresarse verbalmente, de darse tiempo para pensar, de enfatizar. Fíjate cómo solo se dice parte de lo que pensamos y en cambio utilizamos medias palabras, frases inconclusas, "puntas de iceberg". Solo en las telenovelas la gente habla dándose información. Los diálogos de la mayor parte de ellas son malos porque el autor no encuentra otra manera de informar cosas que debe saber el televidente. Así, por ejemplo, hallamos a una madre y una hija, sentadas con toda propiedad en su propia sala, diciéndose:

MADRE: Qué raro que tu papá no haya llegado, ¿no te parece? Desde que nos casamos hace veintisiete años, se viene directo a la casa en cuanto sale de su consulta en el Hospital de Traumatología.

HIJA: Sí, lo que siempre hace a las nueve, excepto los martes que va a ver a mi abuela. ¡Como la pobre vive sola!

Huye de este acartonamiento. Nadie habla así.

Tarea 2

Piensa en dos personajes con una intensa relación entre sí y escribe un diálogo. Deja que el lector conozca a los personajes por lo que dicen y por lo que dejan de decir. Sus rasgos –edad, escolaridad, región en la que viven, tipo de relación que sostienen– deben ser deducibles de lo que sus palabras nos sugieren.

Tarea 3

Prueba ahora algo más complicado. Mezcla descripción y diálogo. Supongamos que tienes a dos personajes peleando ante un fuerte desacuerdo. Elige un narrador que cuente, desde fuera, la situación. Haz que él o ella nos diga dónde están los personajes, cuáles son los antecedentes, qué piensa cada uno; y deja que, en forma alternada, los personajes se expresen directamente. Cuida la claridad de tu puntuación para que el lector no se pierda. Antes de empezar, refresca tus nociones gramaticales sobre el guion y las comillas.

El uso de guiones

Hay dos tipos de guion, uno corto y otro largo, también llamado raya. En algún momento, como los teclados de las máquinas de escribir solo tenían un tipo, se usaba uno de la misma medida. Pero las computadoras solucionaron esto y es importante diferenciarlo porque sus funciones son distintas.

Guion corto: se usa para interrumpir una palabra que, por falta de espacio, no cabe al final de un renglón. O para unir dos palabras opuestas o independientes y construir palabras compuestas, sobre todo en aquellos casos que indican oposición o contraste como "la guerra hispano-americana", "el conflicto serbo-croata". Muchas de estas palabras compuestas, como latinoamericano o socioeconómico, con el tiempo han acabado escribiéndose sin guion.

Guion largo o raya: tiene dos funciones:

– es equivalente al paréntesis.
– se emplea para indicar que alguien empieza a hablar.

Ejemplo de guion largo como paréntesis:

La casa –que en otro tiempo había guardado tanta alegría– se encontraba vacía.

Ejemplo de guion largo para indicar palabras textuales de alguien:

–¿Dónde ha quedado todo aquello?

Ahora bien, suele pasar que se necesiten ambos tipos de guion en un mismo párrafo. Observa el lugar y la función que ocupan los tres que aparecen en seguida:

–¿Dónde ha quedado todo aquello? –dijo la mujer al entrar en la casa vacía–, ¿dónde?

El guion al inicio de la oración, luego de la debida sangría y pegado a la primera letra, indica que lo que vendrá a continuación son palabras dichas por alguien, o sea, un parlamento. Este guion manda hasta el punto y aparte, y no es necesario "cerrarlo".

En cambio, los guiones que contienen la aclaración del autor sobre quién dijo esas palabras cumplen el papel de paréntesis. De modo que al cerrar lo que está entre guiones, las palabras siguientes continúan siendo el parlamento del personaje.

Las *comillas*, por su parte, equivalen al guion que indica cita textual.

Pero, a diferencia de este –que solo es requerido al principio–, las comillas deben abrirse y cerrarse.

Veamos otro ejemplo:

Al percibir el vacío de la casa, la mujer pensó: «¿Dónde ha quedado todo aquello?». Sin embargo, en vez de entregarse a la nostalgia, dijo a su hermana:

—Necesitamos una escoba —y como si no hubiese nada más importante sobre la tierra que limpiar el polvo que cubría el piso desnudo, comenzó a cepillarlo con sus propios zapatos—. Ándale, ayuda, no te quedes ahí con cara de loca.

La hermana estuvo a punto de ofenderse. «Quien tiene cara de loca es otra», susurró mentalmente. Pero alcanzó a darse cuenta de que, lejos de insultos, lo que ambas necesitaban era un poco de consuelo.

—Mejor vamos a tomarnos un té —propuso—. Hay una nueva cafetería en la esquina.

El cuento es el género narrativo más dramático, utilizando el término en su sentido original, que significa "acción derivada de un conflicto capaz de provocar una sacudida emocional". Se acerca tanto el teatro, que puede decirse que los dos géneros están construidos bajo el mismo esquema: Presentación, nudo (conflicto o choque de fuerzas) y desenlace. Sin embargo, se diferencian definitivamente en la intención. El cuento se escribe para ser leído; el texto dramático, para ser representado. Y esta distinción determina la forma de cada uno.

Si en el cuento es posible echar mano de diálogo y descripción, en el texto dramático hay que valerse solo del diálogo. Este es su fundamento. Por lo demás, el autor puede dar ciertas indicaciones al director, al actor o al escenógrafo para situar el lugar en donde transcurre el diálogo, el tono en que debe decirse una frase o alguna acción tan vital para la trama como "X bebe el veneno". Estos señalamientos, llamados *acotaciones*, deben escribirse siempre en presente, tiempo en el que transcurre toda representación, y contener solo lo indispensable. Cuando se escribe teatro, nunca hay que olvidar que el texto es una guía para lo que debe verse y escucharse en el escenario.

Dicho de otra forma: en el texto dramático no hay lugar para un narrador que cuente qué sucedió en el pasado, en qué piensa el personaje o cuál es la atmósfera en la que transcurren los hechos. Puesto que el destinatario final de esta escritura es un espectador, el dramaturgo se ve obligado a enterarlo de los ángulos de su historia con los recursos del teatro: monólogos y diálogos, movimientos y gestos, luces y objetos escenográficos. Si así lo desea, puede incorporar un personaje que desempeñe el papel de narrador, pero este ha de quedar expresado en parlamentos, igual que los demás.

Echemos un ojo a la primera escena de una conocida obra de Chéjov, para observar la forma en que se escribe un texto dramático. Fíjate en la claridad con que se señalan las acotaciones y las líneas que han de decir los personajes.

...

Lectura

EL JARDÍN DE LOS CEREZOS
Antón Chéjov

Una habitación que hasta la fecha se sigue llamando «la habitación de los niños». Una de las puertas conduce a la habitación de Ania. Amanece, pronto saldrá el sol. Es mayo, florecen los cerezos, pero en el jardín hace frío, hiela ligeramente. Las ventanas están cerradas. Entran Duniasha con una vela y Lopajin con un libro en la mano.

LOPAJIN: ¡Gracias a Dios, el tren ya ha llegado!

DUNIASHA: Pronto serán las seis (*apaga la vela*). Ya está clareando.

LOPAJIN: ¿Con qué retraso ha llegado el tren? ¡Unas dos horas por lo menos! (*Bosteza y se estira*). Me he lucido, ¡qué manera de hacer el tonto! Vine a propósito para ir a la estación a recibirles y me quedé dormido aquí sentado. ¡Qué fastidio! Y tú, sin despertarme...

DUNIASHA: Pensé que se había marchado... (*escucha*). Me parece que ya llegan.

LOPAJIN: No... Se pierde tiempo en recoger los equipajes y en otras cosas... (*Pausa*). Liubov Andréievna ha pasado cinco años en el extranjero, no sé cómo será ahora... Era una buena persona. Una mujer sencilla, de excelente trato. Recuerdo que cuando yo era un muchachito de quince años, una vez mi padre me dio de puñetazos en la cara y comencé a sangrar por la nariz... No sé con qué motivo vinimos los dos a la propiedad de Liubov Andréievna y mi padre estaba borracho. Recuerdo a Liubov Andréievna como si la estuviera viendo ahora: jovencita, muy delgada, me llevó al lavabo, aquí, en esta misma «habitación de los niños». «No llores, pastorcito —me dijo—, se te pasará antes de que te cases». ¡Pastorcito! Ahora soy rico, tengo mucho dinero, aunque si uno lo piensa, sigo siendo un campesino por los cuatro costados. (*Hojea el libro*). Estuve leyendo este libro pero nada comprendí. Y leyéndolo me quedé dormido (*pausa*).

DUNIASHA: Los perros no han dormido en toda la noche. Sienten que llegan los amos.

...

¿Qué hace Chéjov en las primeras líneas de su obra? Nos presenta un lugar, un clima, una época, una situación pasada y otra a punto de suceder, y tres personajes (los que dialogan más aquel sobre el que gira su conversación). Las cartas están echadas. Los lectores (o en su caso, los espectadores) queremos conocer a Liubov Andréievna, saber qué pasará cuando llegue. Todavía no está planteado el conflicto y, sin embargo, algo en la atmósfera (el frío, la tardanza del tren, los perros insomnes) nos lleva a presentir acontecimientos no del todo gratos. Hay que leer la obra completa para conocer el nudo y el desenlace que Chéjov depara a sus personajes: es una lección y un gran placer.

Tarea 1

Toma cualquier cuento corto, tuyo o de otro autor, y tradúcelo al lenguaje dramático. Recuerda que las descripciones tienen que convertirse en escuetas acotaciones o en monólogos o diálogos. Piensa al escribir en un escenario: qué ve y qué escucha el público.

Tipos de conflicto

Si la acción dramática se basa en el conflicto, pensemos a qué tipos de conflicto puede enfrentarse un personaje. El maestro y dramaturgo Hugo Argüelles los cataloga así:

1. Conflicto entre el personaje y el destino o, si se prefiere, las fuerzas naturales o sobrenaturales. Por ejemplo: Una vida en cuyos planes interfiere de pronto un accidente, una enfermedad, un fantasma o los caprichos de los dioses.

2. Conflicto entre el personaje y la sociedad en que se desenvuelve. Dos casos: Una mujer a quien la gente del barrio le hace la vida imposible porque, a su juicio, es exageradamente independiente. O un hombre honesto que se ve presionado a delinquir por la corrupción generalizada en su oficina.

3. Conflicto entre personajes. Aquí cabe la inmensa gama de confrontaciones que se dan en las relaciones entre padres e hijos, amantes, vecinos, jefe y empleado y cualquier otra que se te pueda ocurrir: surge cada vez que dos seres humanos pugnan por cumplir necesidades en alguna medida opuestas entre sí.

4. Conflicto del personaje consigo mismo. Todos hemos vivido la contradicción, de corte moral o psicológico, entre dos voces internas que nos dictan distintos caminos. El personaje, por ejemplo, quisiera romper con una existencia burocrática para cumplir su vocación de cocinero, pero no se atreve. La forma en la que fue educado, las expectativas que sus padres

pusieron en él, su propio miedo, le impiden llevar a cabo sus propósitos. Tendrá que librar una lucha interna para llevar sus pasos hacia acá o hacia allá. Y cualquiera que sea su decisión, lo dejará parado en un lugar distinto a donde estaba antes de vivir el conflicto.

Tarea 2

Analiza qué tipo de conflicto plantea la escena teatral que escribiste en la primera tarea de este capítulo.

Tipos de personajes

No todos los personajes tienen el mismo peso en una obra. Cada uno cumple una función –si no la cumple será mejor dejarlo fuera–, pero hay uno en particular al que el autor enfoca, uno a quien le ocurren los hechos significativos. Es el protagonista.

Digamos que el dramaturgo teje la obra desde el punto de vista del personaje protagónico. Él es su principal vehículo dramático para expresar lo que desea. Imaginemos a Shakespeare deseando escribir una obra sobre los celos. ¿Qué necesita de inicio? Un celoso. Ahí está: Otelo, el moro de Venecia.

Ahora bien, el protagonista a su vez requiere otro personaje que encarne el conflicto que debe enfrentar. Se trata del antagonista. Si continuamos tomando la tragedia de Otelo como pauta, veremos que el protagonista se enamora de Desdémona y al principio no desea otra cosa que ser feliz a su lado. Sin embargo, Iago se interpondrá en su camino, sembrando la sospecha de que la fiel y virtuosa Desdémona lo engaña con Cassio. Paso a paso irá atizando el fuego de los celos en el corazón de Otelo hasta que estos destruyen toda posibilidad de amor.

Con cuánta claridad se muestra Iago como el antagonista, dejándonos ver la importancia fundamental de este papel. Sin él, no habría tragedia. Tampoco, por supuesto, sin Desdémona, víctima que el celoso necesita. Se trata, pues, de un personaje coprotagónico, cuya suerte corre aparejada a la de su marido. El afán aniquilatorio de Iago, pese a dirigirse contra Otelo, cae de rebote, inevitablemente, sobre ella.

Esta tríada conforma los personajes principales. Sin

embargo, no bastan al autor para trenzar el nudo. Son necesarios otros personajes: Cassio, quien sirve a Iago como supuesto objeto del amor de Desdémona, cumple una función aceleradora de la acción dramática. Por ello se dice que es un personaje catalizador.

En cambio Emilia, mujer de Iago y asistente de Desdémona, es un personaje que lleva la voz de la verdad que el autor desea comunicar. Aunque por momentos apoye a Iago en sus propósitos, esto sucede sin conocimiento de causa y sin hacerle perder la función de elemento de juicio dentro de la obra.

Este tipo de personajes, como Cassio y Emilia, se denominan *secundarios*. El conflicto esencial no subsistiría sin ellos, pero solo participan de refilón.

Hay una última categoría de personajes que hacen las veces de telón de fondo. Son aquellos que figuran al final de la lista de personajes que encabeza toda obra teatral. En el caso de Otelo: mensajeros, oficiales, caballeros venecianos y músicos. Aunque apenas aparecen silueteados, cumplen sin duda un papel: ofrecen el contexto histórico y colaboran a la creación de atmósferas y al avance de la acción.

Tarea 3

Lee alguna obra de Chéjov, Molière o Shakespeare, y fíjate en la función que cumple cada personaje. ¿Quién es el protagonista? ¿Quién el antagonista? ¿Qué personajes actúan como catalizadores? ¿Alguno actúa como voz de juicio? ¿Y el resto, para qué están presentes en la obra?

Géneros teatrales

Habrás observado que algunas obras de teatro (o películas) te hacen sonreír, mientras que otras te llevan a la carcajada o al horror o a las lágrimas. Este ánimo o tono predominante, que impregna tanto a la obra como al lector o espectador, se relaciona directamente con el género de obra que se trate.

Si imaginamos un espectrograma que va del negro al blanco, de la oscuridad a la luz, hallamos justo en el punto medio a la pieza, género que más se aproxima a la diaria realidad. Su tono sería el de un gris oscilante, donde los hechos transcurren dentro de una emocionalidad contenida, "civilizada". De ahí, el resto de los géneros se alejan más o menos del realismo para darnos solo ciertos ángulos de la existencia, desde la exageración hilarante de la farsa hasta el abismo de la tragedia.

Para saber a qué género pertenece una obra, basta con observar la trayectoria del protagonista. Es decir, de dónde a dónde va, con qué clase de obstáculos se enfrenta y cómo sale librado. Veamos en forma resumida cuáles son las características de cada género, según el maestro de la crítica teatral Eric Bentley.

Farsa

Este género consiste en la presentación de lo extremo, hasta el punto del absurdo. En forma caricaturesca, la farsa pone sobre el escenario nuestros impulsos más profundamente reprimidos, en especial aquellos relacionados con la violencia. Pensemos, dice Bentley, en un hombre que introduce a la fuerza la cabeza de otro en la campana de un farol para asfixiarlo con el gas. La imagen, fuera de todo contexto, nos despertará el horror que produce la tortura. Sin embargo, es representada en la película de Chaplin, *La calle de la paz*, y nadie ha hecho sentir su protesta. Al contrario, todo hemos disfrutado viendo asfixiarse a Mack Swain mientras triunfa nuestro héroe.

Por cierto que el protagonista de la farsa es con frecuencia un ser pequeñito y, sin embargo, capaz de responder con ingenio y arranques de valentía al villano, cuyo vigor sobrepasa los límites de la normalidad. Así, los ataques y desquites entre ambos personajes irán en aumento: persecuciones, trampas destructivas, golpes, intentos de aniquilamiento. Y con cada nueva ocurrencia, nuestra explosión de risa. En breve: *Tom y Jerry* o la pareja de *La guerra de los Roses*. De este modo, la fantasía exagerada de la farsa nos permite liberarnos por medio del humor de los deseos culposos que todos llevamos dentro.

Comedia

La comedia juega también con el humor, como la farsa; pero a diferencia de esta, no propicia solo un deshago, sino que lleva a la autocrítica. "El arte de la comedia –afirma Bentley– es un desengañador que nos ayuda a emanciparnos de nuestros errores, que desenmascara; un arte, si se quiere, de desenredo". Pero para desenredar algo primero hay que enredarlo, y eso es lo que ocurre durante el mayor tiempo de cualquier comedia. Es solo al final cuando el nudo queda deshecho, la verdad descubierta, el engaño develado.

El protagonista cómico es un falsificador. Por ello, con frecuencia el enredo de la comedia consiste en un intercambio de identidades (entre amo y criado, por ejemplo, o entre hermanos). La otra variante es que el personaje principal padece un vicio de carácter enmascarado. El ladrón nos hace creer que tiene buenos propósitos, el avaro que es sensato, el estafador que tiene ansias de conocimientos. Y en su afán, logra embaucar a dos o tres. Pero, tarde o temprano, habrá un antagonista que ponga al descubierto el engaño, dejando en ridículo a quien quiso tomar el pelo al mundo. La buena comedia deja al final una sonrisa reflexiva: ¿No es la sociedad quien estimula la ambición de dinero, de fama, de poder, de conquistas amorosas? ¿Acaso no abundan las triquiñuelas para satisfacer estas pasiones? ¿No usamos también nosotros algunas máscaras?

Melodrama

Si la farsa y la comedia mueven a risa, el melodrama nos hace llorar, pero con lágrimas sabrosas. La situación que juega con nuestros sentimientos responde a una sencilla fórmula: El bien es acosado por el mal.

El protagonista melodramático es bueno e inocente por definición, de preferencia pobre. Su antagonista es también de una pieza: completamente malvado y decidido a hacerle la vida imposible. Por un curioso mecanismo psicológico, el público se identifica con el débil, dejándose llevar por la autocompasión y el miedo. Vemos al niño raptado por el malhechor, a la muchacha explotada por el diabólico patrón, a la Caperucita amenazada por el lobo feroz, y no podemos más que estremecernos.

El melodrama en su forma más rudimentaria, dice Bentley, transgrede el principio de realidad en todo momento, no solo por la exageración en los personajes, sino porque ha de tener un final feliz que fuerza a la utilización de coincidencias injustificadas. Algún personaje o hecho, con frecuencia de rasgos sobrenaturales, ha de rescatar a la víctima de las garras del verdugo. El hada o el príncipe azul de los cuentos populares pueden tomar diversas formas, pero mantendrán el halo romántico propio de este género.

Aclaramos, sin embargo, que aunque por sus características el melodrama ha creado mala fama al dar pie a muchas obras mediocres (la mayoría de las telenovelas), esto no significa que sea imposible crear un melodrama que valga la pena o que obras de otros géneros no incluyan acentos melodramáticos afortunados.

Pieza

Eric Bentley no incluye la pieza en su catálogo, pero teóricos posteriores hablan de ella como la presentación de un fragmento, de una rebanada de vida. No cualquiera, ni tampoco tal cual transcurre en la cotidianidad, sino dentro de una estructura que ilumina el interior de personajes complejos y contradictorios enfrentados con determinada realidad social y personal.

Es así como este género se aparta de la fantasía y la exageración de los antes descritos para mostrarnos caracteres protagónicos de variados rasgos que tomarán conciencia, a lo largo de la obra, de la imposibilidad de cumplir cabalmente sus anhelos. Las fuerzas que se oponen a estos, que los frustran, son los avatares propios de la existencia: el inexorable paso del tiempo, la injusticia, el desfase en los afectos. El personaje antagónico solo materializa estas realidades. No se trata de un villano. Lo que ocurre es que con frecuencia posee mayor vitalidad, poder de decisión, cierta indiferencia hacia el prójimo y, quizá, dinero. Vistas las cosas desde el punto de vista de cada personaje, en la pieza todos tienen razón o, al menos, sus actos pueden comprenderse.

El efecto que busca la pieza no es emocionar al público, aunque dispare algunas emociones con sus chispas de humor y de amargura, sino inducirlo a una reflexión sobre la sociedad, la vida y uno mismo.

Tragicomedia

Este género se logra al guiar a la tragedia hacia un final feliz.

O al revés, al partir de una comedia que tendrá un desenlace desgraciado. Se trata de una dialéctica continua: la luz en medio de la oscuridad; la sombra que refleja toda luz. El protagonista en este caso no es completamente trágico ni cómico, sino que tiene rasgos de ambos. Con frecuencia parte de una ofensa, real o imaginaria, que intentará vengar enfrentando una carrera de obstáculos accionados por el antagonista, quien a su vez se percibe como víctima de una injusticia que merece castigo. Sin embargo, dentro de la desesperación que mueve a los personajes, hay esperanza. El final puede desembocar en el perdón o en un último golpe contundente. Esto es lo que mantiene la atención del público.

Bentley asegura que la tragicomedia no aspira a cambiar al mundo. Más bien nos dice: "sonríe y aguanta". Su humor es una válvula de escape para soportar el dolor y cumplir con el propósito fundamental de sobrevivir.

Y a continuación ofrece el ejemplo de *Esperando a Godot*, de Samuel Beckett: "Nos hallamos, por una parte, ante la inmensa tragedia del hombre en un mundo desprovisto de valores, amenazante e incomprensible, un mundo sin Dios o con un Dios que deja mucho que desear; y por otro lado, ante la comedia minúscula de dos holgazanes que se divierten... mientras esperan la llegada de un tercero que ha de resolver sus problemas". Si llegara el Dios del Viejo Testamento (God-ot), tendríamos un final feliz. Pero no llega, al menos hasta que cae el telón, lo que implica la esperanzadora idea de que podría, pese a que es improbable, llegar.

Así, el público no sabe si reír o llorar ante esa comedia imbuida de melancolía, esta tragedia que con su toque cómico hace aún más desolador el panorama.

Tragedia

Entre todos los géneros, la tragedia es, para algunos, el más profundo. El conflicto que vive el protagonista está marcado por el destino, el orden cósmico, Dios mismo incluso… Es esta inmensidad insondable quien lo coloca en una situación extrema de la que solo puede derivar el también extremo sufrimiento. "La oscura raíz del grito", dice García Lorca al final de *Bodas de sangre*. ¿Donde yace tal raíz?, pregunta Bentley. Y responde: "El poeta cava con el escardillo del arte dramático: no son solo sus ideas, sino su trama, sus personajes, sus diálogos los que dan la respuesta".

El héroe trágico se resiste ante las circunstancias dadas. Edipo, Medea, Romeo y Julieta, todos buscan escapar de su suerte. Se rebelan. Pero rehuir el orden cósmico es imposible. No podemos sino llenarnos de terror ante las consecuencias. Distinto del miedo que podemos sentir ante el villano melodramático, este es un sentimiento totalizador, como expresa Pascal: "Me siento atemorizado por el silencio y la magnitud del universo".

El temor que infunde la tragedia, explica Bentley, se transfigura haciéndose reverencial. Esta conmoción, sumada a la piedad que nos inspira el personaje enfrentado a la fatalidad, es lo que provoca la conocida catarsis, efecto bajo el cual trascendemos el sufrimiento por el camino de la expiación.

El protagonista trágico ha de pagar, a menudo con la vida, su valiente gesto de rebeldía. Y tal sacrificio purifica el mundo que lo rodea, incluyendo al público. El caos recobra el orden. Salimos del teatro siendo más sabios.

Tarea 4

Escribe una obra corta, en tres géneros
distintos, sobre una relación amorosa
que se ve imposibilitada.

Antes de comenzar con esta sesión, te queremos pedir que de nueva cuenta revises la sesión 11, dedicada a los géneros literarios. Casi al final de ella encontrarás una breve explicación de lo que es el ensayo. Una vez repasada, haz una lectura cuidadosa de los dos textos que te presentamos a continuación.

· · ·

Lectura

EN DEFENSA DE LO USADO
Salvador Novo

Una de las más deplorables características de nuestra época es la de no permitirnos gozar íntegramente de ninguna cosa, persona, ni situación. Apenas adquirida, un nuevo modelo con mayores ventajas viene a tentar nuestra mutable ambición y nos incita a abandonar el no agotado placer de un idilio, de un coche, de una corbata, de una casa, trocándolos por aquel que ostenta la novedad de convertirse en cama mediante un click artrítico de su asiento trasero; por aquella dotada de clima artificial, o riel de seda, o líneas mejores. La producción en serie nos arrebata bruscamente un afecto que apenas empezaba a fructificar en el ajuste tibio de nuestra persona, nos quita de las manos el juguete y nos deja ante el enigma de uno nuevo, frío, cuyas luces no sabemos bien cómo se encienden, cuyo clutch no obedece a nuestra anterior coordinación motriz –y vuelta a adaptarnos, para que unos meses después el fenómeno se repita.

En este sentido, la época de la propiedad privada fue más dichosa que la nuestra. Las gentes tenían su piano, sus muebles, su mujer, su caballo –y les duraban todo el tiempo que sus nimios cuidados se encargaban de prolongar–. En una verdadera «calidad» (que la publicidad moderna ha despojado de todo sentido como palabra) ponían nuestros antepasados un empeño inicial al elegir aquellos objetos de uso diario y moderado de que rodeaban su pacífica vida. No había el riesgo de que un cambio de líneas en la corriente de unas modas lenta, orgánicamente evolucionadas y circunscritas a la ropa, les dejara súbitamente anticuada a su señora, ni a la cama en que dormían con su señora. Bastaba con que vajilla, buggy, residencia, seres y enseres fueran buenos, resistentes y decorosamente presentables.

Este texto de Novo, del cual reproducimos aquí solo un fragmento, fue publicado originalmente en el año de 1938. Ahora veamos uno más actual:

TIEMPO AL TIEMPO
Mauricio Ortiz

Sin darme cuenta ya estaba inmerso en él, me circundaba, penetraba por cada uno de mis poros, ensanchaba mis pulmones en cada inspiración y al fin, generoso y brillante, conquistando mi mente conquistó mi corazón. Tras el desconcierto y contrariedad iniciales solo supe del júbilo. Sin proponérselo nadie, antes bien evitándolo todo mundo y más que nada como una singularidad en la función continua de la vida cotidiana, un hoyo negro en la trama del día, cayó de pronto un inesperado, bienvenido y tal vez incomprensible tiempo muerto.

Es un asunto de circunstancias, la fortuita conjunción de las circunstancias. Puede ser que la máquina se estropeó y no hay nada que hacer por hoy o se fue la luz y uno no tiene ni pizca de sueño o la espera ya se pasó y uno cae en conciencia de que no vendrá la persona; a lo mejor uno se quedó sin chamba y mientras busca. Temible para los muchos por la simple sobrevivencia, aborrecido por otros por la simple ganancia, recibido por algunos como bendición, nunca se sabe cuánto durará el tiempo muerto y por eso más vale tomarlo al vuelo antes de que reviva.

Lo que tiene el tiempo muerto es sobre todo que le pertenece a uno. Si a la ciencia pertenecen los nanosegundos y los miles de millones de años y a la Iglesia o cualquier religión la eternidad; si la literatura reclama el tiempo con igual fuerza y lo mismo la historia con sus ciclos, el derecho con sus veredictos y condenas, la industria con sus sirenas y relojes checadores, los medios electrónicos con sus horarios doble A y las computadoras con su tiempo en megahercios; si además el tiempo doméstico y el tiempo mítico exigen su tajada y el cumpleaños propio y de los hijos, los tiempos políticos y los tiempos burocráticos, tiempos de entrega y citatorios a destiempo; si en ese frenesí de tiempos que todos se adjudican ha de transcurrir forzosamente la existencia, entonces eso sí: el tiempo muerto es de uno y de nadie más, es el tiempo que no transcurre o no tiene por qué hacerlo, el que nos llama al ocio verdadero y a la creatividad sin cortapisas, a fumar un cigarro sin prisa, a solo ver el techo. Tiempo muerto: ese que sin darme cuenta ya se fue.

...

¿Qué te parecieron? ¿Estás de acuerdo con los autores? ¿Te gustaría discutir con alguno de ellos, si pudieras? ¿Te surgieron varias ideas nuevas a medida que los ibas leyendo? ¿Te dieron ganas de ponerte a conversar con alguien o de escribir alguna reflexión relacionada con lo nuevo, con el consumismo, con la duración de las cosas, con el tiempo perdido y recuperado o con alguna otra cosa surgida de tu lectura?

Seguramente. Porque esa es una de las finalidades del ensayo.

Decíamos anteriormente que el ensayo se puede definir en forma concisa como *prosa de ideas*. También fue llamado *meditaciones dispersas*, por el filósofo inglés Francis Bacon, en 1597.

Origen del ensayo

Aunque existen muchos textos antiguos que engarzan sabiamente ideas y reflexiones (desde el *Eclesiastés* o los *Proverbios* del Antiguo Testamento, los *Diálogos* de Platón, hasta *La consolación de la filosofía*, de Boecio), el género moderno que hoy conocemos como *ensayo* tiene su origen con el escritor francés Michel de Montaigne, quien en el siglo XVI le dio precisamente el nombre de *Ensayos* a su famoso libro que aborda todo tipo de temas: "De los coches", "De la crueldad", "Del arte de conversar", "De la pedantería", "Del parecido de los hijos con los padres", "De los caníbales", son algunos títulos en el índice de este libro.

Paradójicamente, los ensayos de Montaigne son al mismo tiempo filosóficos y antifilosóficos. Hijo de su época, Montaigne es un escritor rebelde frente a la vieja filosofía medieval. Se está inaugurando en Europa otro modelo de pensamiento: el individualismo. Los autores del Renacimiento se atreverán por primera vez a hablar ya no como los antiguos académicos que se sentían dueños de la verdad absoluta y universal, sino que manifestarán su propia opinión, humilde, valiente, crítica, respecto de cualquier asunto. La experiencia del individuo tiene ahora valor. Se inaugura el concepto y la palabra *yo*.

Algunas características del ensayo

De lo anterior, surgen algunas características de este género moderno. Seguimos aquí a los autores José Luis Martínez y Guillermo Samperio.

1. El ensayo es un texto que reflexiona sobre un tema que no se pretende tratar a fondo, ni de manera sistemática. El tema lo elige libremente el autor, y no intenta escribir un tratado que agote dicho tema. Montaigne decía que en los ensayos se usa un "método caprichoso y divagante; una falta voluntaria de profundidad y una preferencia por los aspectos inusitados de las cosas".

2. Aunque el ensayo tenga algo de caprichoso y divagante, requiere, al mismo tiempo, una dimensión lógica, es decir, debe ser coherente y bien estructurado. Por otra parte, tiene una dimensión literaria: esto implica una gran flexibilidad, una gran libertad y, sobre todo, expresa la subjetividad de un individuo, esto es, las ideas, las dudas, las impresiones, los modos de ver las cosas desde el punto de vista único y original de quien lo escribe. El ensayo es una forma de expresión individual.

3. Respecto a su forma, el ensayo es un híbrido. Aunque también ha sido llamado *prosa no narrativa*, se pueden usar en él muchos trucos, por ejemplo utilizar y mezclar recursos de otros géneros. Mientras en algunos ensayos se emplea un lenguaje francamente académico, muchos otros pueden "disfrazarse": tendrán apariencia de cuento, de crónica, de prosa

poética. Serán ensayos si finalmente lo que predomina en ellos es una reflexión, una argumentación, un juego de ideas.

4. Casi siempre, el ensayo se anima con un toque humorístico o divertido. Dos de sus herramientas fundamentales son el ingenio y la agudeza.

5. Aunque el ensayo sea *prosa de ideas*, las ideas no siempre tienen que ser propias. Se pueden tomar prestadas; el trabajo del ensayista consistirá entonces en relacionarlas, defenderlas, ampliarlas o refutarlas.

6. En el ensayo se debe fundamentar de alguna manera lo que se dice. Es decir, no es válido escribir un ensayo con puras aseveraciones viscerales sin base alguna. No podemos simplemente gritar nuestros sentimientos: en ese caso, es mejor escribir un poema, una carta, una canción. Con el ensayo, en cambio, se conjetura, se reflexiona, se persuade. Nos mostramos a favor o en contra de algo, pero vamos mostrando por qué. Pensamos en voz alta.

Se ha comparado el ensayo con un paseo, sereno y curioso a la vez... Tiene algo de búsqueda, de aventura, de exploración. Heidegger hablaba del proceso del pensamiento: la experiencia del caminante al ir reflexionando, sin que podamos vislumbrar claramente el final, hasta que lleguemos a él.

Clases de ensayo

Como *prosa de ideas*, este género implica una gran flexibilidad y amplitud de textos. Por lo tanto, encontraremos también muchas clases de ensayos. Algunos se acercarán más al tratado teórico o didáctico y otros, más ligeros y con un lenguaje más colorido, serán francamente juegos literarios.

El *artículo*, por ejemplo, es una clase de ensayo ligado al periodismo. Es breve, y trata siempre temas de actualidad.

La *crítica*, sobre literatura, cine, pintura, etcétera, es otra clase de ensayo, que puede ser ligera, breve y muy personal, o un trabajo más extenso, más documentado y analítico.

Hay algunos *ensayos breves, poemáticos, poco articulados*, casi como apuntes líricos o de observación curiosa. Pueden parecer cuentos breves, o memorias. Por ejemplo, algunos textos de Julio Torri o de Ramón López Velarde.

Los *ensayos de fantasía, ingenio o divagación* están llenos de frescura graciosa o de ese arte de una divagación cordial pero profunda, como los de Salvador Novo, de Oscar Wilde, algunos de Alfonso Reyes y el ejemplo leído de Mauricio Ortiz.

Los *ensayos-discursos*, de sabor doctrinario: oscilan entre la oratoria del discurso y la disertación académica o la conferencia. Ejemplos: *Discurso en la inauguración de Universidad Nacional*, de Justo Sierra, o las *Meditaciones de México*, de Jesús Silva Herzog.

Por último, están los *ensayos interpretativos, teóricos, expositivos*; todos ellos exponen una materia, la explican, la interpretan de manera original. Estos ensayos son más conceptuales y menos, por decirlo así, creaciones literarias, aunque algunos, como *El laberinto de la soledad* y otros de Octavio Paz sean ambas cosas. Otros ejemplos: *Psicoanálisis del mexicano*, de Samuel Ramos; *Filosofía y lenguaje,* de Antonio Gómez Robledo, o *Panorama de México,* de Arturo Arnaiz y Freg.

Escribe un ensayo breve según la que elijas de las siguientes opciones:

Escoge un refrán. Defiende las ideas que contenga, como si tú mismo lo hubieras inventado.

Un ensayo titulado: *En defensa de los teléfonos celulares.*

Un ensayo que trate *De las ventajas y desventajas de usar anteojos.*

Última sesión

Hemos llegado al final del viaje. Si todo ha sucedido como estaba previsto, tendrás ahora un cuaderno lleno de notas, un montón de cuartillas trabajadas y retrabajadas, y muchas lecturas y experiencias nuevas. Tu musa habrá engordado. El trabajo de escritura será parte de tu vida cotidiana y te será imposible soportar siquiera un día privado de la lectura de al menos unas buenas líneas.

Muy bien, ¿adónde hemos llegado? Apenas a una primera estación de familiaridad con la literatura. Es de esperarse, pues, que tengas muchas dudas, preguntas, inseguridades. Tal es la señal de que se está en un camino de aprendizaje y de creación. Nadie puede enseñar a otro a escribir ni llega el día en que ya se sepa hacerlo de una vez y para siempre. Se trata de un proceso personal inacabable. Aun los grandes escritores dicen que cada texto que emprenden parece ser el primero. Sin embargo, no lo es: el trabajo previo se da a notar en la fluidez con la que encuentran las palabras, los personajes, el tono, la estructura.

Continuar trabajando sin la compañía de este libro depende por completo de ti. Es probable que no halles quien te empuje o te aliente a escribir y leer todos los días, sino al contrario. Las personas ajenas a la inclinación literaria suelen pensar que tales tareas son pasatiempos sin importancia, postergables. Solo tú sabes lo que significan para ti y solo tú puedes abrirles tiempo y espacio.

Sin embargo, antes de despedirnos queremos darte algunas claves útiles para la etapa que comienzas. La primera: consigue un nuevo cuaderno. Luego, con este y con el viejo, siéntate sin prisas. Lee con cuidado todo lo que has escrito hasta ahora y subraya lo que intuitivamente te parece que vale la pena desarrollar. Anota este material en tu nuevo cuaderno. Serán frases sueltas, observaciones al vuelo, quizá palabras aisladas. Al final tendrás un cúmulo de ideas para textos futuros.

Para enriquecer estas ideas, te hará bien leer lo más posible. Esta es la segunda clave. Si crees haber encontrado una vena propia en la poesía, lee a los grandes poetas, clásicos, modernos y contemporáneos. Lo mismo si te inclinas por otro género. Lee y analiza: ¿por qué me gusta o me repele? ¿Qué hizo el autor para dar tal o cual sensación? ¿Cómo inicia y cómo acaba? ¿Cómo utiliza los signos de puntuación? ¿Usa adjetivos? ¿Dónde, cuáles?

Oye la voz de Ray Bradbury, que te aconseja cómo alimentar a tu musa:

¿Qué más conviene a nuestra dieta? Libros de ensayo. También aquí escoja y seleccione, paséese por los siglos. En los tiempos previos a que el ensayo se volviera menos popular encontrará mucho que escoger. Nunca se sabe cuándo uno querrá conocer pormenores sobre la actividad del peatón, la crianza de las abejas, el grabado de lápidas o el juego con aros rodantes. Aquí es donde hará el papel de diletante y obtendrá algo a cambio. Porque, en efecto, estará tirando piedras a un pozo. Cada vez que oiga un eco de su inconsciente se conocerá un poco mejor. De un eco leve puede nacer una idea. De un eco grande puede resultar un cuento [...].

Poesía, ensayos, ¿y qué de los cuentos y las novelas? Por supuesto. Lea a los autores que escriben como espera escribir usted, que piensan como le gustaría pensar. Pero lea también a los que no piensan como usted ni escriben como le gustaría, y déjese estimular así hacia rumbos que quizá no tome en muchos años. Una vez más, no permita que el esnobismo ajeno le impida leer a Kipling, por ejemplo, porque no lo lee nadie más.

Una buena noticia en cuanto la lectura es que hoy podemos conseguir una gran cantidad de textos por vía electrónica. Los hay de precios accesibles o incluso libres de todo costo. Es posible viajar en el metro o quedarnos en nuestro sillón favorito acompañados por la Biblioteca Cervantes, el Proyecto Gutenberg y la Biblioteca Digital Ciudad Seva, tres de los incontables recursos que nos ofrece la red virtual. Busca y verás.

En tercer lugar, como siguiente clave relee todas tus tareas. Elige las que te gustaron más. Piensa no solo en cuáles te quedaron mejor, sino en aquellas cuyo proceso de escritura fue más placentero, más divertido, más apasionante.

Con seguridad encontrarás que en esas páginas emerge tu verdadera voz, tu estilo más personal, tu género favorito. Tal vez al principio de este viaje creías que el cuento era el género que mejor se te daba, y hoy descubres sorprendido que el ensayo, la poesía o el teatro es lo tuyo.

Y por último: si quieres seguir escribiendo, simplemente ¡hazlo! Búscate un tiempo todos los días, inscríbete en algún taller de escritura, no abandones tu diario. Evita los pretextos, apaga la televisión, levántate temprano, defiende tus ratos de creación literaria contra viento y marea. Vive tu vida mil veces, estírate, crece, sumérgete en ti mismo y multiplícate, inventa mundos, vuela; registra cómo son las cosas y cómo podrían ser, dile a todo el planeta quién eres y qué quieres… Ponte a escribir, ahora mismo.

Bibliografía

Borges, Jorge Luis y Adolfo Bioy Casares (comps.), *Cuentos breves y extraordinarios*, Buenos Aires, Losada, 1973.

Carreter, Fernando Lázaro y Evaristo Correa, *Cómo se comenta un texto literario*, México, Cátedra, 1985.

Ducrot, Oswald y Tzvetan Todorov, *Diccionario enciclopédico de las ciencias del lenguaje* [Enrique Pezzoni, trad.], México, Siglo XXI, 1991.

Flores, Ángel (comp.), *Narrativa hispanoamericana, vol. 3 (la generación de 1910-1939)*, México, Siglo XXI, 1982.

Goldberg, Natalie, *Writing Down The Bones. Freeing The Writer Within*, Boston, Shambhala, 1986.

Krauze, Ethel, *Cómo acercarse a la poesía*, México, Consejo Nacional para la Cultura y las Artes–Limusa, 1992.

Leñero, Vicente y Carlos Marín, *Manual de periodismo*, México, Grijalbo, 1986.

Martínez, José Luis, *El ensayo mexicano moderno*, México, Fondo de Cultura Económica, 1995.

Moffet, James y Kenneth R. McElheny (comps.), *Points of View: An Anthology of Short Stories*, Chicago, New American Library, 1956.

Moliner, María, *Diccionario de uso del español*, Madrid, Gredos, 1992.

Monsiváis, Carlos (comp.), *A ustedes les consta. Antología de la crónica en México*, México, Era, 1992.

Montaigne, Michel de, *Ensayos* [Ezequiel Martínez Estrada, trad.], México, Consejo Nacional para la Cultura y las Artes–Océano, 1999.

Pardo, Edmée, *Cómo empezar a escribir narrativa*, México, Amati, 2000.

Rey, Juan, *Preceptiva Literaria*, Santander, Sal Terrae, 1969.

Samperio, Guillermo, *El ensayo. Apuntes particulares*, México, Centro de Desarrollo y Comunicación, 1997.

Zavala, Lauro (comp.), *Teorías del cuento* (3 tomos), México, Universidad Nacional Autónoma de México, 1995.

Sobre puntuación, ortografía y redacción

Cohen, Sandro, *Redacción sin dolor*, México, Planeta, 2014.

_____, *Guía esencial para aprender a redactar*, México, Planeta, 2011.

Escalante, Beatriz, *Curso de redacción para escritores y periodistas*, México, Porrúa, 1998.

Instituto Cervantes, *Las 500 dudas más frecuentes del español*, Madrid, Instituto Cervantes–Espasa, 2014.

Páginas de internet

Aula de letras

http://personal.telefonica.terra.es/web/aulasdeletras/

El poder de la palabra
http://www.epdlp.com/literatura.html

Desocupado lector
Teoría literaria, por José Miguel Segura Roselló
http://www.josemsegura.net/generos/teoria.htm

Biblioteca Virtual Miguel de Cervantes
http://www.cervantesvirtual.com/biblioteca_autor.
shtml#clasicos

La página del idioma español
http://www.el-castellano.com/index.html

Glosario

abstractas. Dícese de las palabras que representan ideas, cosas no tangibles, entidades que no existen físicamente (como el bien, la justicia, etcétera).

acitronar. Freír en aceite muy caliente la cebolla, hasta que se ponga transparente.

acotaciones. Notas del dramaturgo en una obra teatral para indicar la acción o el movimiento de los personajes.

alegoría. Obra literaria con dos niveles paralelos de significado. A partir de varias metáforas consecutivas, se relaciona una serie de ideas con una serie de imágenes que se corresponden. Se trata de que el lector encuentre esa correspondencia.

antagonista. Personaje que se opone al protagonista en cualquier obra dramática.

arquetipo. Personaje, motivo o tema que aparece frecuentemente en la literatura y que se ha convertido en un modelo o símbolo universal o tradicional. También se entiende como un ejemplar que reúne las características esenciales de su especie o categoría: el hombre, la madre, el viejo, el ogro, el príncipe azul.

asonante, rima. La de los versos que tienen iguales las vocales, a partir de la última acentuada. Cuando hay diptongos, basta que sea igual la vocal acentuada. Así, *gustéis* rima con *piel*.

atmósfera. Ambiente emocional que rodea a los personajes y acciones de una narración, que se logra con ayuda de la descripción de cierto paisaje, un recinto, una hora del día o de la noche, cierto clima, etcétera.

auto sacramental. Obra dramática de carácter alegórico, que se refiere a la Eucaristía o a otros misterios de la fe católica.

autobiografía. Subgénero de la crónica. Texto que relata, cronológicamente, los acontecimientos de la vida de quien lo escribe. (De *auto*, uno mismo; *bios*, vida; *grafía*, descripción).

autorretrato. Subgénero de la crónica. Texto que describe, en unos cuantos trazos, cómo es el autor del texto en cierto momento. Puede inclinarse más o menos a señalar aspectos físicos, psicológicos o morales. Un autor podría escribir muchos autorretratos durante su vida, dado que cada uno de sus momentos o situaciones es distinto.

biografía. Subgénero de la crónica. Texto que narra la historia de la vida completa de alguien.

borrador. Escritura tentativa de un texto, algo no definitivo ni acabado.

cantiga. Se llamaban así unas composiciones poéticas destinadas a ser cantadas, de las que son modelo las *Cantigas a la Virgen María*, de Alfonso el Sabio.

carta. Escrito de carácter privado que se le envía a otra persona. Existe la *carta abierta*: aquella que, aun dirigida a una persona, está destinada a publicarse. La escritura de cartas o epístolas conforma el *género epistolar*, subgénero de la crónica.

catarsis. Purificación emocional que sufre el espectador de una tragedia, después de experimentar piedad y horror por el final terrible y catastrófico de la obra.

clímax. Momento culminante de la acción de una narración (cuento, novela) o un drama.

comedia. Obra dramática que desarrolla un argumento de desenlace feliz.

conflicto. Choque de fuerzas opuestas.

consonante, rima. Consiste en la repetición de todos los sonidos, vocales y consonantes, a partir de la vocal tónica (acentuada). Ejemplos: vida/herida; quiero/sombrero; contemplando/callando; loros/oros.

contar. Referir, relatar. Decir a otros una historia, un cuento, algo que sucedió.

corrido. Romance cantado, composición octosilábica popular, muy usada y aún viva en México, que narra algún acontecimiento (la toma de Zacatecas, el aeroplano que chocó con un tren), la historia de un personaje legendario (Valentín de la Sierra, Simón Blanco, Camelia la Tejana) o algún suceso extraordinario o sangriento (Rosita Alvírez, Juan Charrasqueado, Delgadina). Los corridos tienen algo de periodístico, de nota roja, y muchos incluyen al final una moraleja: *Delgadina está en el cielo / dándole cuenta al Creador / y su padre en los infiernos / con el Demonio mayor.*

crónica. Historia o relato en que se van exponiendo los acontecimientos reales que sucedieron, generalmente por el orden en que fueron ocurriendo.

cuaderno. Conjunto de pliegos de papel (originariamente cuatro, de ahí su nombre), cosidos o encuadernados, que se emplea para escribir apuntes. Instrumento indispensable para un escritor.

cuarteta, cuarteto. Estrofa de cuatro versos.

cuento. Texto narrativo, de ficción, en el que se presenta y se resuelve un conflicto.

descripción. Texto en el que, más que narrar acontecimientos o acciones, se dice cómo es una cosa, enumerando algunas de sus características o rasgos significativos. La descripción es como una "pintura" hecha con palabras, de tal manera que provoca en el lector una impresión semejante a la sensible. Objetos de la descripción pueden ser una cosa, una persona, un lugar, hasta una realidad abstracta, como un sentimiento, una idea o una creencia.

desenlace. Parte final, después del clímax, en la que se resuelve el argumento de una narración, cuento u obra de teatro.

diálogo. Texto en el que se exponen las palabras dichas por dos o más personajes, en donde uno le contesta al otro. Se utiliza un guion delante de las palabras dichas en cada intervención.

diario. Subgénero de la crónica. Es un texto de carácter privado en el que el autor va narrando día a día lo que le ha sucedido, así como sus pensamientos, reflexiones, sueños, etc. Siempre tiene *entradas*: antes de cada fragmento, se escribe la fecha. Además de los diarios reales, que cualquier persona puede escribir, y muchos de los cuales son leídos o publicados después de la muerte de sus autores, la forma de diario es un gran recurso que puede ser utilizado en cuentos y novelas. También se llama *diario* al cuaderno que se emplea con este fin.

dramática. Género literario al que pertenecen las obras representables en un escenario mediante acciones y diálogos.

dramaturgo. Escritor, autor de obras de teatro.

emoción (sentimiento, pasión). Alteración afectiva intensa que acompaña o sigue inmediatamente a la experiencia de un suceso feliz o desgraciado o que significa un cambio profundo del estado anímico.

elegía. Poema en alabanza a alguien que ha muerto o que expresa dolor, melancolía o añoranza.

endecasílabo. Verso de once sílabas. En la lengua española es el verso típico de la poesía culta, frente al octosílabo, el más usado en la poesía popular.

ensayo. Prosa de ideas. Exposición aguda y original de cualquier tema, con un carácter general.

entremés. Obra teatral corta y casi siempre jocosa que, en el siglo XVII, se representaba en un entreacto de una obra larga.

épica. Género literario al que pertenecen todas las obras destinadas por el escritor a narrar sucesos que ocurren fuera de él.

epístola. Carta.

epopeya. Poema épico en el que se refieren hechos heroicos, sublimes o legendarios realizados por un pueblo. También se dice de acciones que se llevan a cabo con grandes dificultades y padecimientos.

escena. Parte de una obra de teatro en que intervienen los mismos personajes.

escribir. Representar sonidos o expresiones con signos dibujados.

estampa. Texto perteneciente al género de la crónica en el cual describimos un lugar, un paisaje, un ambiente.

estrofa. Conjunto de versos, unidad que se repite a lo largo del poema.

etimológico. Se refiere al origen de las palabras, según sus raíces griegas, latinas, árabes, etcétera.

fábula. Relato alegórico que contiene una enseñanza moral. Los personajes casi siempre son animales y la lección se expresa al final en una *moraleja*.

farsa. Obra de teatro de tono hilarante que presenta situaciones extremas en forma caricaturesca.

ficción. Lo opuesto a la realidad. Personajes, acciones, situaciones, ambientes inventados.

figura. Cualquier modo de expresión en el que, buscando más expresividad, más efecto o más belleza, se introduce alguna variación imaginativa en el uso corriente o en el significado de las palabras, o bien estas se combinan de maneras especiales. Hay *figuras de pensamiento*, como la ironía (dar a entender lo contrario de lo que se dice), la paradoja, el símil, la hipérbole (exageración), o *figuras de palabra*, como la alegoría, la metáfora, el hipérbaton (inversión del orden normal de las palabras), la aliteración (repetición de un mismo sonido, vocal o consonante).

filosofía. Conjunto de razonamientos que buscan explicar al mundo y al ser humano (sus orígenes, sus relaciones, sus causas, sus finalidades). También se entiende como una actitud de sabiduría, tranquilidad o conformidad frente a las contrariedades de la vida ("Tómalo con filosofía").

fonético. Se refiere a los sonidos del lenguaje.

forma y contenido. Dos aspectos inseparables de un texto, en donde la forma significa el cómo está escrito y el contenido (o fondo) designa aquello de lo que se trata.

género literario. Cada uno de los grupos en que podemos clasificar todas las obras literarias, de tal modo que las reunidas en cada grupo posean características comunes. Son géneros literarios la épica, la lírica, la dramática, etc. Dentro de cada género podemos hacer agrupaciones especializadas que se llaman *subgéneros*. Así, por ejemplo, la tragedia, la comedia, la farsa, el entremés, el melodrama, son subgéneros dramáticos.

guion. 1. Texto dramático que contiene todo el desarrollo de una película o de un programa de televisión o de radio, indicando sonidos, música, decorados, luces y los parlamentos que dirán los personajes. **2.** Signo ortográfico consistente en una pequeña raya horizontal, que puede ser corta o larga y que tiene diversos usos. **Guion largo:** *a)* Para indicar en un diálogo cada nueva intervención de un interlocutor. *b)* Con el mismo significado que los paréntesis, especialmente dentro de otro paréntesis. **Guion corto:** *a)* Para indicar en el final de un renglón que la palabra se interrumpe y que continuará en el renglón siguiente. *b)* Para formar palabras compuestas.

heptasílabo. Verso de siete sílabas.

historia. Narración de los hechos ocurridos en tiempos pasados.

imagen. Figura en la que se expresa una comparación entre dos cosas, con fines embellecedores. Se adjudican sentimientos o acciones a los seres inanimados.

imperativo, modo. El modo imperativo del verbo se emplea para mandar algo, o para expresar un deseo hacia otra persona, pero como si diéramos una orden. El modo imperativo del verbo solo se conjuga en segunda persona, tanto del singular como del plural (*tú* o *ustedes*): "Ven". "Calla". "Alégrate". "Siéntate". "Siéntense". "Coman". "Trabajen". "Sean felices". (Antiguamente el plural de la segunda persona era *vosotros*, y en algunos países de habla española se sigue usando: *Venid, apresuraos, comed*). Si queremos utilizar el imperativo con la primera persona del plural (nosotros), es posible: se toman prestadas las formas del presente de indicativo (¡*vamos!, ¡vámonos!*) o de presente de subjuntivo: *comamos, vayamos, alegrémonos, seamos felices*.

instructivo. Manual. Texto que indica los pasos o el procedimiento que hay que seguir para lograr algo o para saber cómo se usa una cosa.

lectura. Cosa que se lee o para ser leída. Acción de leer, que debería ser una costumbre cotidiana e indispensable en todo aquel que quiera escribir.

leer. Interpretar mentalmente o traduciéndolos en sonidos los signos de un escrito.

lenguaje figurado. Lenguaje usado en las obras literarias, principal pero no exclusivamente en las poéticas, que consiste en dar otro sentido, imaginativo, a las palabras, distinto del que tienen normalmente.

libro. Conjunto de hojas escritas, sujetas todas juntas por uno de sus lados.

lira. Estrofa de cinco versos consonantes, tres heptasílabos (primero, tercero y cuarto) y dos endecasílabos (segundo y quinto).

lírica. Género literario al que pertenecen las obras en que el poeta expresa sus propios sentimientos, su íntima actitud ante las cosas, ante los demás hombres, ante Dios. Hoy se identifica con lo que llamamos simplemente *poesía*.

literatura. Arte que emplea como medio de expresión la palabra hablada o escrita.

lugares comunes. Ideas, palabras o frases muy repetidas. También se les llama *tópicos*. Algunos ejemplos: valiente como un león, cabellos de oro, dientes de perlas, blanco como la nieve.

metáfora. Figura mediante la cual se usan las palabras con un sentido distinto del que tienen propiamente, pero que guarda con este una relación descubierta por la imaginación. Es una comparación entre dos cosas, pero sin decir que se están comparando.

métrica, metro. Medida de un verso. Número de sílabas.

mitología. Conjunto de narraciones sobre los dioses de las religiones no cristianas, especialmente la griega y la romana.

monólogo. Expresión de los pensamientos de una persona, sin otro interlocutor. También se le llama *soliloquio*. **Monólogo interno:** Herramienta de la narrativa con la que se intenta reproducir en un texto el pensamiento de un personaje.

musa. Nombre aplicado a ciertas divinidades griegas que habitaban en el Parnaso con el dios Apolo, cada una de las cuales protegía una arte o actividad distinta. Son nueve: Calíope, oratoria; Clío, historia; Erato, elegía; Euterpe, música; Melpómene, tragedia; Polimnia, poesía lírica; Talía, comedia; Terpsícore, danza; Urania, astronomía.

De ahí que también signifique la personificación de algo que inspira a los artistas.

narrador. La voz que cuenta una obra literaria.

narrar (contar, relatar, referir). Decir o escribir una sucesión de acontecimientos que les suceden a unos personajes en un lugar y un tiempo determinados.

narrativa. Conjunto de textos literarios, que pueden ser o no de ficción, en donde predomina la acción de narrar, a diferencia de otros que pretenden más bien describir, exponer, explicar, expresar sentimientos, persuadir, o indicar lo que dirán o harán los personajes de una representación teatral.

novela. Obra literaria en prosa, de ficción, en la que se narra una serie de sucesos encadenados entre sí, que hablan del devenir de uno o más personajes.

nudo. Punto en una novela, obra de teatro o narración cualquiera en donde se condensa el interés, antes de llegar al desenlace. Es lo mismo que *clímax*.

objetivo-subjetivo. Objetivo: que depende del objeto, no del sujeto. Aplicado a las personas, se le dice *objetivo* a quien es desapasionado, frío, justo, que obra inspirado por la razón y no por sus impulsos afectivos. Los discursos de las ciencias y de la filosofía pretenden ser **objetivos**, es decir, apegados a la realidad y no dependientes de los sentimientos de quien practica o ejerce el saber científico o filosófico. **Subjetivo** significa dependiente del sujeto, de sus opiniones personales, de sus sentimientos, de su punto de vista. Lo **subjetivo** es personal, diferente para cada ser humano.

octosílabo. Verso de ocho sílabas. En lengua española es el más empleado en la poesía tradicional y popular, por ejemplo, en romances y corridos.

oda. Poema lírico de tono elevado que se dedica a una persona de alta alcurnia o a un concepto abstracto.

omnisciente. En un cuento o en una novela, narrador que lo sabe todo, incluso más que los mismos personajes.

onomatopeya. Se refiere a palabras que imitan el sonido de aquello que designan. Por ejemplo, las voces de los animales (el *quiquiriquí* del gallo), el sonido de objetos (el *tictac* del reloj). Otras palabras onomatopéyicas: *borbotón, chasquido, tiritar, murmurar, susurrar, tartamudear, rechinido*.

parábola. Narración simbólica, ficticia pero verosímil, tomada siempre de la vida humana, de la que se desprende una enseñanza moral. No tiene el carácter jocoso de la fábula, ni intervienen en ella animales. Muy usada en los evangelios. Por ejemplo, "El hijo pródigo", "La oveja perdida".

periodismo. Forma de comunicación social a través de la cual se dan a conocer y se analizan hechos de interés público.

personaje. Persona, animal o cosa que interviene en una obra literaria.

pie quebrado. Verso de cuatro o cinco sílabas que alterna con otros más largos. Ejemplo: las *Coplas a la muerte de su padre*, de Jorge Manrique, estructuradas con algunos versos de cuatro y otros de ocho sílabas.

pieza. Obra dramática de tono realista en la que se presenta un fragmento de vida. En ella se muestra el conflicto de personajes complejos y contradictorios con su realidad social y personal. Busca inducir al espectador a una reflexión sobre la sociedad, la vida, uno mismo.

poema. Obra poética en verso, aunque también se puede aplicar a algunos textos en prosa.

poesía. Género literario que incluye a todos aquellos textos en donde la finalidad principal es expresar la subjetividad del que escribe. La poesía se concentra en expresar una experiencia única y emocional. El poeta levanta un mundo procedente de la esfera vivencial del ser humano, mientras que la épica y la dramática exigen la presencia de unos personajes que actúen en determinadas coordenadas espacio-temporales. De origen oral, la poesía se caracteriza tradicionalmente por usar el ritmo y la rima.

presente histórico. El uso del tiempo presente del indicativo del verbo aunque se hable de asuntos que sucedieron en el pasado.

primera persona. Yo, nosotros.

prosa. Manera corriente de hablar y de escribir, que no es verso. *Prosaico*: aspecto vulgar de una cosa.

punto de vista. Perspectiva desde la cual se narra algo. Se refiere a la visión del asunto que puede tener un personaje, y no otro.

quinteto, quinteta. Combinación métrica de cinco versos.

relato. Narración.

reportaje. Texto periodístico, relato o informe, exposición detallada y documentada de un suceso, de un problema, de una determinada situación de interés público. Se puede servir de los géneros literarios y estructurarse como un cuento, como una novela, como un drama, como un ensayo. Además de los hechos, el reportaje puede expresar la experiencia personal del autor, pero de manera que nunca se distorsione la información.

retrato. Texto que describe cómo es cierta persona. Puede abarcar solo los rasgos físicos, morales o psicológicos, o puede incluirlos a todos.

rima. Repetición de sonidos al final de las palabras para crear un efecto sonoro. La rima puede ser asonante o consonante.

ritmo. La cadencia de un texto (un verso, una frase) determinada por la distribución de los acentos principales.

romance. Poema popular de versos octosílabos con rima asonante en los versos pares, quedando sueltos los impares. Casi siempre narraban hechos o historias de algún personaje.

sainete. Obra teatral que refleja costumbres populares; suele tener carácter cómico, aunque también los hay con fondo dramático.

sangría. Espacio que se deja libre, del tamaño de tres a cinco letras, al iniciar un párrafo después de punto y aparte.

segunda persona. Tú, ustedes.

sentidos. Vista, oído, olfato, gusto, tacto.

significado. El concepto o la idea señalado por un signo lingüístico.

significante. El signo lingüístico que confiere el significado.

signos de puntuación. "Figuritas que empleamos para puntuar nuestros escritos. Son señales que ponen al lector sobre aviso respecto de lo que sucede y lo que habrá de suceder dentro del resto de la oración. En otras palabras, le facilitan la lectura porque van anunciando el carácter de las frases y oraciones, el cual puede cambiar mucho si falta o sobra un punto o una coma o unas comillas" (Sandro Cohen). Los signos de puntuación en español son: coma (,); punto (.); punto y coma (;); dos puntos (:); puntos suspensivos (...); interrogación (¿...?); admiración (¡...!); paréntesis ((...)); comillas ("..."); raya o guion corto (-), raya o guion largo (–) y corchetes ([..] o {...}).

sílaba. La letra o reunión de letras que se pronuncian en una sola emisión de voz.

símbolo. Cosa que representa convencionalmente a otra.

símil. Una comparación explícita de una cosa con otra para dar una idea más viva de una de ellas; siempre se usan la palabras *como*, *parecía*, etcétera, para establecer la comparación.

sinalefa. Fenómeno que consiste en la unión en una sola sílaba métrica de la vocal final de una palabra y la inicial de la siguiente.

sinónimos. Palabras o expresiones que significan lo mismo.

soneto. Composición poética de catorce versos endecasílabos distribuidos en dos cuartetos y dos tercetos.

tercera persona. Él, ella, ellos, ellas.

terceto. Una estrofa de tres versos. Es una de las estrofas del soneto.

tiempos verbales. Indican la época en que sucede la acción. Ejemplos del modo indicativo: presente ("yo vivo"), pasado o pretérito ("yo viví"), futuro ("yo viviré"), copretérito ("yo vivía"), pospretérito ("yo viviría").

tono. Emoción predominante que provoca una obra literaria en el lector.

tragedia. Obra dramática con grandes pasiones y final catastrófico, en donde el héroe es víctima del destino, y que provoca en el espectador horror y compasión.

tragicomedia. Obra dramática que tiene elementos tanto de tragedia como de comedia. Puede ser una comedia imbuida de melancolía, o una tragedia con final feliz. Algunos autores también la llaman *drama*.

verso. Cada una de las líneas (renglones) que componen un poema.

verso libre. Forma poética caracterizada por la falta de rima y de métrica regular.

viñeta. Subgénero de la crónica. El término se aplica generalmente en las artes visuales. Muchas veces se trata de un dibujo que nos entrega un lugar en un momento determinado. Algunas, como las japonesas, son trazadas en apenas unas líneas; otras, en cambio, son imágenes fieles, detalladísimas. Lo mismo puede hacerse con palabras.

Sobre los autores mencionados

Arreola, Juan José (1918-2001). Actor, narrador y escritor autodidacto mexicano nacido en Jalisco. En México hizo teatro con Rodolfo Usigli y Xavier Villaurrutia, y en Francia con Louis Jouvet y Jean Louis Barrault. Fue miembro del grupo teatral Poesía en Voz Alta; fundó talleres literarios, dirigió importantes publicaciones como *Los presentes, Cuadernos y Libros del unicornio*, la revista *Mester* y las ediciones del mismo nombre durante la década de 1960. Algunas de sus obras: *Varia invención* (1949), *Confabulario* (1952), la obra teatral *La hora de todos* (1954), *Bestiario* (1958), *La feria* (1963), *Inventario* (1976) y *La palabra educación* (1973), que recopila sus intervenciones orales.

Asturias, Miguel Ángel (1899-1974). Poeta y novelista guatemalteco quien, pese a las funestas dictaduras de su país, logró escribir numerosos libros, como la obra poética *Sien de alondra* y varias novelas, entre las que figuran *El señor presidente, Hombres de maíz* y la trilogía *Viento fuerte, El Papa verde* y *Los ojos de los enterrados*. En 1969 recibió el Premio Nobel de Literatura.

Beckett, Samuel (1906-1989). Irlandés residente en París, novelista y dramaturgo, Beckett es considerado uno de los maestros del *teatro del absurdo*, corriente que rompe con las convenciones anteriores al siglo XX para mostrar la imposibilidad del ser humano de comunicarse con sus semejantes y la irracionalidad que domina la existencia. Premio Nobel de Literatura 1969, Beckett escribió entre otras obras: *Esperando a Godot, Fin de partida, Días felices, La última cinta de Krap* y varias otras donde experimentó con el lenguaje hasta dejar tan solo su esqueleto, lo que originó una prosa austera y disciplinada, sazonada de un humor corrosivo. Su influencia fue notable en dramaturgos posteriores.

Bentley, Eric (1916). Nacido en Inglaterra y nacionalizado estadounidense en 1946, Bentley es uno de los críticos teatrales que más ha influido sobre la crítica y la creación dramática contemporáneas. Su libro *La vida del drama* (trad. Albert Vanasco, México, Paidós, 1985) es una lectura obligatoria para toda persona interesada en el teatro.

Borges, Jorge Luis (1899-1986). Genial poeta, ensayista, cuentista, un clásico de la literatura hispanoamericana, nació en Buenos Aires, Argentina. En su juventud vivió en Ginebra, Suiza, y en España. Algunos de sus libros de relatos son *Historia universal de la infamia, Ficciones, El Aleph, El libro de arena*. Se pueden ya conseguir varias ediciones de sus obras completas. En 1955, año en que fue designado director de la Biblioteca Nacional de Buenos Aires, se agudizó su ceguera. Continuó escribiendo incansablemente. Recibió el Premio Internacional de Literatura (1961) y el Premio Cervantes (1979). Murió en Ginebra.

Boscán, Juan (1490-1542). Poeta español que fue clave para la incorporación de las letras españolas al movimiento renacentista. Tradujo a varios autores italianos, y al final de su vida compiló sus propias obras con las de Garcilaso de la Vega.

Bradbury, Ray (1920-2012). Prolífico y popular escritor estadounidense de ciencia ficción. Es autor de multitud de cuentos, novelas, ensayos, guiones de cine y de televisión. Ha publicado varios volúmenes de cuentos: *Crónicas marcianas, El hombre ilustrado, Remedio para melancólicos, El país de octubre* y otros. Su novela más famosa es *Fahrenheit 451*, que fue llevada al cine, y trata de un mundo futuro en el cual la palabra escrita está prohibida. En un intento de salvar la historia y la cultura de la humanidad, un grupo de rebeldes memorizan obras completas de literatura y de filosofía mientras todos los libros son quemados por los gobernantes totalitarios. Su estilo combina ingeniosamente la fantasía con una aguda crítica a la sociedad de nuestro tiempo. Su ensayo "Cómo alimentar a la musa y conservarla" aparece en el libro *Zen en el arte de escribir* (trad. Marcelo Cohen, Barcelona, Minotauro, 1995).

Brainard, Joe (1942-1994). Escritor y artista plástico estadounidense, Brainard llevó su gusto por el *collage*, el cómic y los cuadros pequeños a las letras. Durante años, escribió breves párrafos que describen momentos de su vida pasada. El hilado conforma el libro *Recuerdo (I Remember)*, el cual ofrece un curioso panorama de Estados Unidos en las décadas de 1950 y 1960. Además del valor literario que logra en sí, este experimento vanguardista ha sido inspiración de varios autores alrededor del mundo.

Calvino, Italo (1923-1985). Nació en Cuba, pero vivió la mayor parte de su vida en Italia, su país de origen. Cuentista y novelista fuera de serie, vale la pena acercarse a cualquiera de sus libros, entre los que se encuentran: *El vizconde demediado, El barón rampante, El caballero inexistente, Las ciudades invisibles, Palomar, Los amores difíciles, Bajo el sol jaguar.* El texto citado fue tomado de *Palomar* (trad. Aurora Bernárdez, Madrid, Siruela, 1997).

Céspedes, Augusto (1904-1997). Con formación periodística, este autor boliviano se adentra en la literatura por la necesidad de verter en cuartillas sus experiencias como soldado en la guerra contra Paraguay. De ahí los nueve relatos de *Sangre de mestizos.* Además de estos y de los cientos de artículos que escribió para el diario *La Calle*, Céspedes nos dejó la novela *Metal del diablo.*

Chéjov, Antón (1860-1904). Conocido como "el último de los clásicos rusos", Chéjov fue médico de oficio pero narrador y dramaturgo por vocación. Sus obras, de un amargo humorismo, reflejan a la sociedad de su tiempo: por un lado, la hipocresía, la ociosidad y el egoísmo de la clase acomodada, y por el otro, los sufrimientos de los más débiles. *El jardín de los cerezos, Tres hermanas, La gaviota* y *El tío Vania* conforman su trabajo teatral de gran aliento, pero sus obras cortas, así como sus más de trescientos cuentos, representan también ejemplos de la mejor literatura.

Cisneros, Sandra (1954). Autora chicana, nacida en Chicago, actualmente radica en San Antonio, Texas. Reconocida internacionalmente por su poesía y su ficción y ganadora de numerosos premios literarios, Cisneros es autora de los libros *Woman Hollering Creek and Other Stories*, *My Wicked Wicked Ways*, *Loose Woman*, *House on Mango Street* y *Caramelo*. El texto aquí citado se tomó de *La casa en Mango Street* (trad. Elena Poniatowska y Juan Antonio Ascencio, México, Alfaguara, 1995).

Cortázar, Julio (1914-1984). Nació en Bruselas, pero se educó en Argentina, de donde eran sus padres y cuya nacionalidad adoptó. Realizó estudios de Letras y de Magisterio, y trabajó durante algún tiempo como maestro rural. En 1951 fijó definitivamente su residencia en París, donde desarrolló su brillante y prolífica carrera literaria, iniciada dos años antes con la publicación de *Los Reyes*. Murió en París en febrero de 1984. Algunas obras magistrales de este autor: *La otra orilla*, *Bestiario*, *Las armas secretas*, *Final del juego*, *Historias de cronopios y de famas*, *Todos los fuegos el fuego*, *Rayuela*, *Un tal Lucas*. Los textos que de él citamos fueron tomados del libro *Historias de cronopios y de famas* (Buenos Aires, Sudamericana, 1971).

Cortés, Hernán (1485-1547). Nace en Medellín, España y estudia en la Universidad de Salamanca sin terminar la carrera de Derecho. En 1504 se embarca hacia el Nuevo Mundo y llega a la isla de La Española (hoy Santo Domingo). En 1511 participa en la conquista de Cuba. En 1519 Diego Velázquez lo nombra capitán de la tercera expedición que viene a reconocer las nuevas tierras, hoy México, y en 1521 conquista Tenochtitlan. Es nombrado capitán general y gobernador de la Nueva España. En 1524 tiene que viajar a España para defenderse ante Carlos V por todas las quejas que había recibido de su mal gobierno. Es juzgado y se le quita el nombramiento de gobernador. Regresa a México solo como capitán general y marqués del Valle de Oaxaca y establece su gobierno en Cuernavaca. Realiza una serie de viajes, entre los que destacan las expediciones a Baja California, en 1530. En 1540 regresa a España, esta vez para siempre. Amargado y decepcionado, muere en 1547, en Castilleja de la Cuesta, cerca de Sevilla. Hernán Cortés fue un escritor de estilo fácil y vivaz, hasta el punto de que sus cartas y descripciones lo hacen acreedor a figurar en un primer término entre los cronistas de la conquista de México.

Cuadra, José de la (1903-1941). Nacido en un barrio pobre de Guayaquil, Ecuador, y mejor conocido como Pepe de la Cuadra, se ve obligado a colaborar en periódicos para pagar su carrera de Leyes. De esta incursión en la escritura van resultando algunos cuentos que con el tiempo hallan fuerza estilística: *El desertor, Chumbote, Horno, Guasintón* son ejemplos de esto y explicación de por qué se le considera merecedor de la palma entre los escritores ecuatorianos.

Defoe, Daniel (1660-1731). Novelista, periodista, poeta e historiador, fue un autor prolífico que escribió más de quinientos libros, panfletos y opúsculos. Nace en Londres. Su vida privada es muy oscura y tumultuosa: viajes, empleos diversos, amistades políticas, misiones secretas, encarcelamientos e incluso la ruina y la miseria. La primera y más famosa novela de Defoe, *Vida y extraordinarias y portentosas aventuras de Robinson Crusoe de York, navegante*, se publicó en 1719, cuando su autor contaba ya casi 60 años. Este relato ficticio sobre un náufrago se basó en las aventuras verdaderas de un marino, Alexander Selkirk, que había sido abandonado en una isla del archipiélago Juan Fernández, frente a las costas de Chile. Después, Defoe siguió escribiendo novelas: *Memorias de un caballero* (1720), *Vida, aventuras y piratería del célebre capitán Singleton* (1720) y *Fortunas y adversidades de la famosa Moll Flanders* (1722), sobre las aventuras de una prostituta londinense, una de las grandes novelas inglesas. Entre sus otros escritos de importancia cabe destacar *Diario del año de la peste*, *El Coronel Jack*, *Lady Roxana o la cortesana afortunada*, *Historias de piratas* y *El perfecto comerciante inglés*.

Elizondo, Salvador (1932-2006). Ensayista, narrador y traductor, nació en México, D.F. Estudió Artes Plásticas en la Esmeralda y en la ENAP, y después Letras Inglesas en México, París, Italia e Inglaterra. Fue miembro de El Colegio Nacional. Algunas de sus obras son *Narda o el verano*; *El retrato de Zoe y otras mentiras*; *El grafógrafo*; *Farabeuf o la crónica de un instante*. El texto sobre las sirenas fue tomado de *El grafógrafo* (México, Joaquín Mortiz, 1972).

Esopo. Narrador griego, figura casi legendaria, de la cual se sabe muy poco. Se supone que vivió entre el 620 y el 560 a.C., y que fue un esclavo liberado de Frigia. No dejó textos escritos. Sus fábulas, que se conservaron por tradición oral, más tarde fueron recreadas en verso por el poeta griego Babrio en el siglo II a.C. El poeta romano Fedro las reescribió en latín en el siglo I de la era cristiana. Las fábulas que conocemos hoy son versiones que se han reconstruido con las reescritas después de Esopo. Este ha inspirado e influido en escritores que desarrollaron este tipo de literatura, como Jean de La Fontaine, en Francia, en el siglo XVII, y Félix María de Samaniego, en España, en el siglo XVIII.

Fernández Christlieb, Pablo (1954). Mexicano, doctor en Ciencias Sociales y en Psicología Social, autor de numerosos ensayos, sobre todo en torno a la cultura y la sociedad de fin de siglo. Algunos de sus libros son *La afectividad colectiva*, *Los objetos y esas cosas*, *La política en México*, *Lo que se siente pensar*. Su texto "La pelota" se publicó el 6 de febrero de 2002 en su columna El Espíritu Inútil en la sección cultural del diario *El Financiero*.

Fuentes, Carlos (1928-2012). Escritor mexicano. Nacido en Panamá, creció en diversos países americanos, dada la profesión diplomática de su padre. Estudió en Suiza y Estados Unidos y se reinstaló en México en 1944, y ocupó cargos administrativos y diplomáticos. Vivió en Europa y Estados Unidos, dictando cursos o representando a México. Colaboró en numerosos y destacados medios de nuestra lengua. Algunas de sus obras: *Las buenas conciencias; Aura; La muerte de Artemio Cruz*. En otros títulos traza un gran fresco de la sociedad mexicana contemporánea: *La región más transparente, Zona sagrada, Cambio de piel*, y el ambicioso recuento de la historia continental: *Terra nostra*. Otras narraciones suyas son *Agua* *quemada, Gringo viejo* y *Cristóbal Nonato*. También escribió algunas obras de teatro de distinto carácter, como *El tuerto es rey, Orquídeas a la luz de la luna* y *Ceremonias del alba*.

García Lorca, Federico (1898-1936). Poeta y dramaturgo español; nació en Fuente Vaqueros, Granada. Estudió bachillerato y música en su ciudad natal y entre 1919 y 1928 vivió en la Residencia de Estudiantes, en Madrid. Viajó a Nueva York y Cuba en 1929-1930. Volvió a España y escribió obras teatrales que lo hicieron muy famoso. Fue director del teatro universitario La Barraca, conferenciante, compositor de canciones y tuvo gran éxito en Argentina y Uruguay, países a los que viajó entre 1933 y 1934. Algunos de sus libros de poemas: *Poema del cante jondo, Romancero Gitano, Diván del Tamarit, Poeta en Nueva York*. El teatro de Lorca es considerado, junto con el de Valle-Inclán, el más importante escrito en castellano durante el siglo xx. Entre sus farsas, escritas de 1921 a 1928, destacan *Tragicomedia de don Cristóbal* y *Retablillo de don Cristóbal*, piezas de guiñol, y *La zapatera prodigiosa* y *Amor de don Perlimplín con Belisa en su jardín*. De 1930 y 1931 son los dramas, calificados como irrepresentables, *El público* y *Así que pasen cinco años*, obras con influencia del psicoanálisis, que ponen en escena el mismo hecho teatral, la revolución y la homosexualidad, a partir de un complejo sistema de correspondencias. Dos tragedias rurales son *Bodas de sangre*, y *Yerma*, de 1934, donde se aúnan mitología, mundos poéticos y realidad. En *Doña Rosita la soltera*, de 1935, aborda el problema de la solterona española, algo que también aparece en *La casa de Bernarda Alba*, concluida en junio de 1936, y que la crítica suele considerar la obra fundamental de Lorca. Al comienzo de su carrera también había escrito dos dramas modernistas, *El maleficio de la mariposa* (1920) y *Mariana Pineda* (1927). Sus posiciones antifascistas y su fama lo convirtieron en una víctima fatal de la Guerra Civil, en Granada, donde lo fusilaron.

García Márquez, Gabriel (1928-2014). Escritor y periodista colombiano. Nació en Aracataca y se formó inicialmente en el terreno del periodismo. Debido a sus ideas políticas izquierdistas, se enfrentó con el dictador Laureano Gómez y con su sucesor, el general Gustavo Rojas Pinilla, y hubo de pasar las décadas de 1960 y 1970 en un exilio voluntario en México y España. Su novela más conocida es *Cien años de soledad* (1967), que narra en tono épico la historia de una familia colombiana. Otras novelas: *El otoño del patriarca, Crónica de una muerte anunciada, El amor en los tiempos del cólera, El general en su laberinto.* También es autor de varios libros de cuentos memorables como *La increíble y triste historia de la cándida Eréndira y su abuela desalmada, Ojos de perro azul* o *Doce cuentos peregrinos.* Ha despertado la admiración en millones de lectores por la personalísima mezcla de realidad y fantasía que lleva a cabo en sus obras narrativas. Recibió el Premio Nobel de Literatura en 1982 y fue formalmente invitado por el gobierno colombiano a regresar a su país, donde ejerció de intermediario entre el gobierno y la guerrilla a comienzos de la década de 1980. Una de sus últimas obras es su autobiografía *Vivir para contarla.*

Garcilaso de la Vega (1501-1536). Poeta, soldado renacentista, laico y cosmopolita, su obra constituye un ejemplo de la mejor poesía del siglo XVI.

Glantz, Margo (México,1930). Escritora de novela y ensayo, ha publicado, entre otras obras, *Síndrome de naufragios*; *De la amorosa inclinación a enredarse en cabellos*; *Apariciones*; *Las genealogías*; *Ensayos sobre literatura popular mexicana del siglo XIX*. Es profesora en la Facultad de Filosofía y Letras y ha impartido cursos en otras universidades, como Yale y Harvard. Dirige la página de la Biblioteca Virtual Miguel de Cervantes dedicada a Sor Juana y forma parte de la Academia Mexicana de la Lengua. Ha recibido varias distinciones: el Premio Xavier Villaurrutia 1984, el Premio Nacional de Lingüística y Literatura 2004, y la Medalla de Oro de Bellas Artes 2010. La Universidad Autónoma Metropolitana le concedió el grado de doctora Honoris Causa en 2005 y la Universidad Autónoma de Nuevo León en 2010. El libro que citamos aquí es *Yo también me acuerdo* (México, Sexto Piso, 2014).

Goldberg, Natalie (1948). Autora estadounidense, novelista, ensayista y pintora. Ha sido profesora de literatura creativa durante más de treinta años, y atrajo a gente de todo el mundo a sus talleres literarios que impartía periódicamente en su casa en el bosque, en Nuevo México. Ha escrito varios títulos sobre la práctica de la escritura, que han sido *bestsellers* en Estados Unidos y se han traducido a varios idiomas. El principal de ellos, de donde tomamos algunas ideas para la sesión 6, es *Writing Down The Bones. Freeing The Writer Within* (Boston, Shambhala, 1986).

Hernández, Felisberto (1902-1964). Cuentista uruguayo, autodidacto, de estilo único. Publicó primero en ediciones caseras *Libro sin tapas*, *La cara de Ana* y *La envenenada*.

Su primer libro, *Por los tiempos de Clemente Colling,* ganó un premio del Ministerio de Educación, lo que de algún modo le abrió puertas para publicar sus siguientes relatos: *El caballo perdido, Menos Julia, El balcón* y otros.

Homero. La tradición dice que fue un poeta ciego de la ciudad de Quíos. En realidad no se sabe nada sobre él, e incluso hay dudas sobre la autoría de sus textos, *La Ilíada* y *La Odisea,* compuestas cerca del año 1050 a.C. El texto moderno de los poemas homéricos se transmitió a través de los manuscritos medievales y renacentistas, que a su vez son copias de antiguos manuscritos, hoy perdidos. La historia de Ulises y las sirenas se encuentra en *La Odisea,* rapsodia duodécima.

Jiménez, Juan Ramón (1881-1958). Poeta español. Aunque lo que más se conoce de él es el relato *Platero y yo,* Jiménez escribió más de cuarenta volúmenes de poesía y prosa. Algunas de sus obras son *Almas de violeta, Arias tristes, Diario de un poeta recién casado, Sonetos espirituales.* En 1936, al estallar la Guerra Civil española se vio obligado a abandonar España. Estados Unidos, Cuba y Puerto Rico fueron sus sucesivos lugares de residencia. Moriría en este último país, donde recibió la noticia de la concesión del Premio Nobel en 1956.

Juana Inés de la Cruz, Sor (1651-1695). Poeta y humanista nacida en Nepantla, México. Su poesía, ingeniosa, elocuente y expresiva, la convirtió en la personalidad más destacada de las letras virreinales del siglo XVII. Su nombre completo era Juana Inés Ramírez de Asbaje. En 1669 ingresó en el convento de San Jerónimo. Allí estudió teología, literatura, historia, música y ciencia. Mantuvo correspondencia con los principales poetas y eruditos de su tiempo y escribió una obra poética que le valió el epiteto de La Décima Musa. Ciertas autoridades de la Iglesia católica en México desaprobaban sus estudios e intentaron que los abandonara. En 1691, en respuesta a la reprimenda de un superior, escribió una carta titulada *Respuesta a Sor Filotea*, en la que defendía sus intereses profanos y reivindicaba la igualdad de oportunidades educativas para las mujeres. Dos años más tarde, sin embargo, por órdenes de sus superiores abandonó sus estudios y se dedicó casi por completo a la contemplación religiosa. Sus escritos abarcan poemas líricos y alegóricos y dramas religiosos y profanos.

Luis de León, fray (1527-1591). Poeta y traductor de pasajes bíblicos, se empeñó en demostrar que el español era capaz de expresar cualquier tema sagrado. Por su versión del *Cantar de los Cantares* lo metieron a la cárcel.

Mallea, Eduardo (1904-1982). Nacido en Argentina, fundó y colaboró en algunas de las publicaciones más prestigiadas de la Sudamérica de mediados del siglo XX, y escribió más de seis volúmenes de ensayos y obras narrativas, como *Cuentos para una inglesa desesperada, Historia de una pasión argentina* y *La Bahía del silencio*.

Manrique, Jorge (1440-1479). Poeta español, de vida aventurera, cuyo valor y arrojo en el campo de batalla fueron célebres. Participó en las innumerables contiendas por la sucesión en la Corona de Castilla, siempre del lado de Isabel la Católica. Fue hecho prisionero cuando trataba de tomar la ciudad de Baza, y su hermano Rodrigo murió en el mismo hecho de armas. Pero la muerte esencial, en su vida y en las letras españolas, se produjo en 1476. Don Rodrigo, su padre, murió víctima de un cáncer que le devoró el rostro. Por ello en las *Coplas a la muerte de su padre* expresó no solo el elogio fúnebre a su progenitor sino la contemplación misma de la vida como bien pasajero y mortal y de la belleza como objeto de nostalgia más que de celebración. A los 39 años cayó gravemente herido y murió a los pocos días, en 1479. Aunque las *Coplas* le dieron fama, el cancionero de este poeta español consta de más de cuarenta composiciones amorosas y satíricas.

Melville, Herman (1819-1891). Novelista y cuentista estadounidense. Su exploración de los temas psicológicos y metafísicos influyó en las preocupaciones literarias del siglo XX, a pesar de que sus obras permanecieron en el olvido hasta la década de 1920, cuando su genio recibió finalmente el reconocimiento que merecía. Se embarcó varias veces; fue tripulante de un barco ballenero y vivió entre los caníbales en las islas Marquesas. A partir de 1844 dejó de navegar y comenzó a escribir novelas basadas en sus experiencias como marino; participó en la vida literaria de Boston y Nueva York. Su obra maestra es la novela *Moby Dick o la ballena blanca* (1851). Escribió también, entre otros relatos, *Bartleby el escribiente*, *Typee*, *Benito Cereno* y *Billy Bud*.

Monsiváis, Carlos (1938-2010). Periodista, cronista, ensayista y narrador mexicano. Nacido en la Ciudad de México, desde muy joven colaboró en los más importantes suplementos culturales y revistas del país. Su amplísima cultura, su curiosidad universal, su eficaz escritura y su capacidad de síntesis le permitieron desentrañar los aspectos fundamentales de la vida cultural y política mexicana. Gran parte de su obra fue publicada en periódicos. Sus crónicas, género que desempeñó con absoluta pasión, se han recopilado en libros, como *Principios y potestades* (1969); *Días de guardar* (1971), sobre los sucesos de Tlatelolco; *Amor perdido* (1976), sobre algunas figuras míticas del cine, la canción popular, el sindicalismo, la militancia de izquierda, los políticos o la burguesía; *De qué se ríe el licenciado* (1984); *Entrada libre* (1987); *Escenas de pudor y liviandad* (1988) y *Los rituales del caos* (1995). También es autor de biografías, ensayos y antologías, como la que citamos en este capítulo: *A ustedes les consta, antología de la crónica en México* (México, Era, 1992). En 1977 recibió el Premio Nacional de Periodismo.

Montaigne, Michel de (1533-1592). Escritor francés que usó por primera vez el ensayo como forma literaria. Sus ensayos, que abarcan un amplio abanico de temas, se caracterizan por un estilo discursivo, un tono coloquial y el uso de numerosas citas de autores clásicos. Como pensador, Montaigne destaca por su análisis de las instituciones, opiniones y costumbres, así como por su oposición a cualquier forma de dogmatismo carente de una base racional.

Neruda, Pablo (1904-1973), seudónimo de Neftalí Ricardo Reyes, nació en Linares, Chile, en el año de 1904. Premio Nobel en 1971, su obra poética incluye muchos títulos, entre los que se encuentran: *Veinte poemas de amor y una canción desesperada, Odas elementales, Canto general, Residencia en* *la tierra, Memorial de Isla Negra,* y sus memorias *Confieso que he vivido.* Por sus cargos diplomáticos y tiempos de exilio, vivió largos años fuera de Chile. No pudo soportar, sin embargo, el golpe militar que en 1973 tiró a Salvador Allende, y murió pocos días después.

Netzahualcóyotl (1402-1472). Rey de Texcoco, en el México precortesiano. Su nombre significa "coyote en ayuno". Fue hijo de Ixtlixóchitl, señor de los chichimecas, y de Matlaci-huatzin, princesa mexica. Después de grandes dificultades y peripecias en las guerras de Texcoco contra Azcapotzalco y Chalco, en 1431 se constituye la Triple Alianza entre Texcoco, Tenochtitlan y Tacuba. Ese año es coronado rey. Su mandato se distinguió por su prudencia y su justicia: promulgó una serie de leyes civiles y penales; fundó varios colegios para el estudio de la astronomía, el idioma, la medicina, pintura e historia; reconstruyó la ciudad, dividiéndola en barrios que poseían su propia industria, con lo que se logró mejorar la economía de los habitantes. Aunque no se tiene la certeza de que sea autor de todos los bellos escritos que se le atribuyen, es conocido como el Rey Poeta. Con su nombre se conservan aún unas treinta composiciones, con temas sobre la muerte y el enigma del hombre y la divinidad.

Novo, Salvador (1904-1974). Escritor mexicano, de agudeza singular y gran ingenio y erudición, que cultivó multitud de géneros. Poeta, cronista, ensayista, dramaturgo, historiador, fue autor de célebres textos satíricos con los que se dedicó a vejar a sus contemporáneos. El humorismo invadió casi la totalidad de su trabajo. En 1952 ingresó en la Academia

Mexicana, y en 1967 recibió el Premio Nacional de Letras. Fue Cronista de la Ciudad de México y en ella murió.

Ondaatje, Michael (1943). Nació en Ceilán (hoy Sri Lanka). En 1962 se trasladó a Canadá, donde reside actualmente. Poeta y novelista, ganó fama por su libro *El paciente inglés*, merecedor del Premio Booker, llevado a la pantalla con gran éxito.

Ortiz, Mauricio (1954). Médico, fisiólogo, investigador en biofísica y escritor nacido en la Ciudad de México; desde 1989 decidió abandonar el laboratorio, los experimentos, el cubículo y el gabinete para dedicarse de tiempo completo a las letras. Durante varios años escribió la columna Del Cuerpo en el periódico *La Jornada*. Muchos de estos textos fueron reunidos en el libro *Del cuerpo* (México, Tusquets, 2001).

Orwell, George (1903-1950), seudónimo de Eric Blair. Ensayista y novelista de origen escocés nacido en la India y educado en Inglaterra, fue maestro de escuela y empleado de una librería, experiencias que le llevarían a escribir su primer libro: *Mis años de miseria en París y Londres*, en el que queda marcada la tendencia social de toda su obra posterior. Sus novelas *Días birmanos, La hija del cura, Mantén en alto la aspidistra, El camino del muelle Wigan* y *Subir en busca de aire* describen los efectos de la industrialización y analizan las perspectivas del socialismo en Inglaterra. Al desatarse la Guerra Civil española se alista en las fuerzas republicanas y escribe *Homenaje a Cataluña*. Sin embargo, ahí descubre los caminos torcidos del comunismo estalinista, lo que lo lleva a publicar *Rebelión en la granja*.

Oz, Amos (1939). Su nombre verdadero es Amos Klausner. Nació en Israel, y trabajó como obrero y profesor en el kibutz en el que vive actualmente. Maestro de la prosa hebrea, Oz explora los conflictos y las tensiones de la sociedad contemporánea. Entre sus obras más famosas se encuentran *Donde aúllan los chacales y otros cuentos*, *Mi querido Mijael*, *Una paz perfecta*, *Las mujeres de Yoel*, *La caja negra* y *La tercera condición*, así como su autobiografía *Una historia de amor y oscuridad*. Además de su dedicación a la escritura, Amos Oz es cofundador del movimiento pacifista Shalom Ajshav, profesor en la Universidad Ben Gurión y miembro de la Academia Europea de Ciencias y Artes. Ha recibido, entre otros reconocimientos, el Premio Israel de Literatura 1988, el Príncipe de Asturias 2007 y ha sido candidato al Premio Nobel de Literatura durante varios años consecutivos.

Parker, Dorothy (1893-1967). Autora estadounidense, que entre 1916 y 1920 fue crítica literaria y teatral en las revistas *Vogue* y *Vanity Fair*, de Nueva York, antes de dedicarse a la literatura. Su obra abarca libros de poesía, cuentos y ensayos breves. Sus poemas y cuentos se caracterizan por un estilo mordaz y sardónico. Sus relatos completos se tradujeron al castellano en dos volúmenes: *La soledad de las parejas* y *Una dama neoyorquina*. La figura de Dorothy Parker reunida con sus amigos en la cafetería del hotel Algonquin se convirtió, con el paso de los años, en algo inherente a la ciudad de Nueva York.

Parra, Teresa de la (1890-1936). Venezolana nacida en París y educada en España, quien sin embargo se inspira en la vida de Caracas. Autora de cuentos como *La mamá X* y *La flor de* *loto*, gana fama con su primera novela traducida al francés bajo el título de *Ifigenia*. Solo habría de escribir una obra más: *Memorias de mamá Blanca*, antes de morir víctima de la tuberculosis.

Paso, Fernando del (1935). Publicista, locutor de la BBC, diplomático, pintor, poeta y novelista, nació en la Ciudad de México. Ha escrito las novelas *José Trigo, Palinuro de México, Noticias del Imperio* (en donde traza un amplio cuadro histórico, la trágica aventura mexicana de Maximiliano y Carlota) y la novela policiaca *Linda 67: historia de un crimen*. Ha recibido varios premios en México, el Rómulo Gallegos de Venezuela (1982), y el premio a la mejor novela extranjera publicada en Francia (1985). En 2013 recibió el doctorado Honoris Causa por la Universidad de Guadalajara. En abril de 2014 fue galardonado con el Premio Internacional Alfonso Reyes, y en 2015 con el Premio Excelencia en las Letras José Emilio Pacheco. Es miembro de El Colegio Nacional.

Paz, Octavio (1914-1998). Se dice que Octavio Paz fue el mejor poeta mexicano del siglo XX. Nacido en la Ciudad de México en 1914, Paz fue también ensayista, promotor de la literatura y diplomático. Mereció el Premio Nobel en 1987. Entre sus obras más importantes se encuentran *El laberinto de la soledad, Raíz del hombre, Libertad bajo palabra, Las peras del olmo* y *Luna Silvestre*. Dejó un importante legado literario.

Perec, Georges (1936-1982). Considerado uno de los escritores más innovadores de su generación, este autor francés utilizó tal diversidad de técnicas literarias que resulta imposible de clasificar. Entre sus obras primeras se encuentran las novelas *Las cosas* (por la que obtuvo el premio Renaudot), *La desaparición* y *W o un recuerdo de infancia*, obra parcialmente autobiográfica en la que expresa su concepción de la literatura como acto de la memoria y como un modo de dar sentido a la vida del autor. En 1978 publicó el libro *Me acuerdo (Je me souviens)*, dedicado a Joe Brainard. Con *La vida, instrucciones de uso*, novela galardonada con el Premio Médicis 1978, ganó el reconocimiento internacional que le permitió abandonar cualquier otra actividad para consagrarse plenamente a la literatura.

Piñera, Virgilio (1912-1979). Espléndido poeta, dramaturgo y narrador cubano. Junto a José Lezama Lima, Eliseo Diego, entre otros, perteneció al grupo Orígenes. Vivió durante catorce años en Buenos Aires, como funcionario del consulado cubano. En su obra, su gran temor será el vacío; su forma de expresión, la melancolía, aunque de manera velada en la burla. Algunas de sus obras son las novelas *La carne de René*, *Pequeñas maniobras* y *Presiones y diamantes*; el volumen de relatos *Cuentos fríos* y las obras de teatro *Electra Garrigó*, *Jesús*, *Aire frío* y *Dos viejos pánicos*.

Poe, Edgar Allan (1809-1849). Escritor, poeta, periodista y crítico estadounidense, más conocido como el primer maestro del relato corto, en especial de terror y misterio. Entre la producción poética de Poe destacan *El cuervo* y *Las campanas*. Su obra poética refleja la influencia de poetas ingleses como Milton, Keats, Shelley y Coleridge, y su interés romántico por lo oculto y lo diabólico. Su trabajo como redactor consistió en buena parte en reseñar libros, escribiendo un significativo número de ensayos, famosos por su sarcasmo e ingenio. Poe quiso ser poeta, pero la necesidad económica lo obligó a abordar el relativamente beneficioso género de la prosa. Además de inventar el cuento moderno, fue quien inició la novela policiaca. *El escarabajo de oro, Los crímenes de la calle Morgue, El misterio de Marie Rogêt* y *La carta robada* (1844) están considerados como los predecesores de la moderna novela de misterio o policiaca. Sus cuentos están reunidos bajo el título de *Narraciones extraordinarias*. En 1847 falleció su mujer y él mismo cayó enfermo; su persistente adicción al alcohol y su supuesto consumo de drogas, atestiguado por sus contemporáneos, pudo contribuir a su temprana muerte en Baltimore, el 7 de octubre de 1849.

Pound, Ezra (1885-1972). Poeta y crítico estadounidense, reunió en su obra culminante, *Cantares*, las tradiciones que han dado validez al desarrollo intelectual de la humanidad. No conforme con su propia creación, Pound dio a conocer, desde las páginas de la revista *Poetry* a autores de la talla de Robert Frost, W.B. Yeats y T.S. Eliot.

Rico, Francisco (1942). Filológo e historiador de la literatura, se ha especializado en letras hispánicas medievales y es catedrático de la Universidad de Barcelona.

Rojas, Gonzalo (1917-2011). Poeta chileno. Fue profesor en la Universidad de Concepción hasta 1970; hacia 1960 organizó importantes encuentros de escritores que según Carlos Fuentes y José Donoso fueron el comienzo del *boom* latinoamericano. El golpe militar chileno (1973) lo sorprendió en La Habana, donde desempeñaba un cargo diplomático. Se le expulsó de todas las universidades chilenas "por significar un peligro para el orden y la seguridad nacional". En 1979 regresó a Chile. Recibió el Primer Premio Reina Sofía de Poesía Iberoamericana, el Premio Nacional de Literatura en Chile, el premio Octavio Paz y el Premio Cervantes 2003. Algunos de sus libros son: *Transtierro, El alumbrado y otros poemas, Antología personal, Materia de Testamento, Desocupado lector* y *La miseria del hombre*. El fragmento citado es del libro de Esteban Ascencio, *Memorias de un poeta. Diálogo con Gonzalo Rojas* (México, Rino, 2002).

Rojas Garcidueñas, Manuel. Científico mexicano, estudió Biología en la Universidad Nacional Autónoma de México y en la Universidad de Minnesota. Es investigador en el campo de la agrobiología. Ha publicado los libros *Fisiología vegetal aplicada* y *De la vida de las plantas y de los hombres*, así como varios ensayos sobre la historia de la ciencia y otros temas académicos.

Rulfo, Juan (1918-1986). Nació en Sayula, Jalisco, en una familia acomodada que perdió todo durante la Revolución. Estuvo presente en episodios de la revuelta cristera, particularmente violenta en su estado natal. Se volvió conocido sobre todo como escritor y colaboró en las principales publicaciones del país. Sus dos obras principales son *El llano en llamas*, cuentos, y *Pedro Páramo*, novela. También escribió guiones para cine y fue un gran fotógrafo.

Shakespeare, William (1564-1616). Actor y dramaturgo inglés. Creador de tragedias, comedias y piezas históricas, es quizás el más grande autor del teatro isabelino y uno de los mayores de todos los tiempos. A diferencia de los clásicos griegos, que situaban al ser humano doblegado ante la voluntad divina, Shakespeare –como buen renacentista– lo colocó enfrentado a sus propias pasiones. Entre sus obras más famosas se encuentran *Romeo y Julieta, El sueño de una noche de verano, Macbeth, Hamlet, El rey Lear* y *Otelo*.

Torri, Julio (1889-1970). Brillante ensayista, narrador, poeta y traductor, nació en Saltillo, Coahuila, y murió en México, D.F. Doctor en Derecho, fue profesor en la Escuela Nacional Preparatoria y en la Facultad de Filosofía y Letras de la Universidad Nacional Autónoma de México. Perteneció al Ateneo de la Juventud y, en agosto de 1921, con Vicente Lombardo Toledano y José Clemente Orozco, fundó el Grupo Solidario del Movimiento Obrero. Algunas de sus obras: *Ensayos y poemas, pomances viejos, De fusilamientos, Prosas dispersas*. El texto *A Circe* está tomado del volumen *De fusilamientos y otros relatos* (México, Secretaría de Educación Pública, 1971).

Valle Arizpe, Artemio de (1884-1961). Nació en Saltillo, Coahuila, y falleció en México, D.F. Además de sus actividades de escritor fue, a partir de 1919, diplomático, y como tal sirvió en las legaciones de México en España, Bélgica y Holanda. Gran estudioso y erudito de la historia colonial de México, cultivó en su escritura un estilo arcaizante y nostálgico, y fue un maestro en la recreación de tipos y ambientes. Fue funcionario público, secretario de la Facultad de Filosofía y Letras y cronista de la Ciudad de México. Es autor de múltiples ensayos, cuentos, antologías, novelas y textos sobre historia, entre los que destaca *Historias, tradiciones y leyendas de calles de México*. Fue miembro de la Academia Mexicana de la Lengua.

Vega, Félix Lope de (1562-1635). De vida agitadísima, este poeta y dramaturgo supo convertir todas sus aventuras en versos y prosas memorables. Dejó al teatro más de mil comedias y obras diversas.

Verne, Julio (1828-1905). Escritor francés considerado el padre de la ciencia ficción moderna. Nació en Nantes y estudió leyes en París. De 1848 a 1863 escribió libretos de ópera y obras de teatro. En 1863 obtuvo su primer éxito con la publicación de *Cinco semanas en globo*. En sus fantásticas novelas predijo con asombrosa exactitud muchos de los logros científicos del siglo XX. Habló de cohetes espaciales, submarinos, helicópteros, aire acondicionado, misiles dirigidos e imágenes en movimiento, mucho antes de que aparecieran estos inventos. Entre sus libros más populares figuran *Viaje al centro de la Tierra*, *De la Tierra a la Luna*, *Veinte mil leguas de viaje submarino*, *La isla misteriosa* y *La vuelta al mundo en ochenta días*. Las obras de Verne han sido llevadas al cine en numerosas ocasiones.

Villoro, Carmen (1958). Poeta, ensayista, escritora de literatura infantil, psicóloga y psicoanalista, nació en la Ciudad de México y desde 1985 vive en Guadalajara. Ha publicado *Barcos de papel*, *Que no se vaya el viento*, *El oficio de amar* y otras obras. El texto que reproducimos procede de *El habitante* (México, Cal y Arena, 1997).

Yáñez, Agustín (1904-1980). Diplomático, crítico literario y narrador mexicano. Aunque alcanzó grandes vuelos como ensayista en prólogos a los clásicos mexicanos en ediciones escolares y especialmente en su estudio sobre Justo Sierra, su mejor obra está en la narrativa, tanto en los relatos de infancia y adolescencia que recoge *Flor de juegos antiguos*, como en sus famosas novelas *Al filo del agua* y *La tierra pródiga*.

Yáñez, Ricardo (1948). Poeta mexicano. Ha sido periodista, promotor cultural y docente en el ámbito escolar y en diversos talleres. Se dio a conocer desde muy joven al ganar un concurso de la revista universitaria *Punto de Partida*. Desde entonces no ha dejado de escribir y publicar en suplementos literarios. Entre sus libros se cuentan *Divertimento, Ni lo que digo, Dejar de ser, Antes del habla, Prosaísmos* y *Si la llama*.

Marcela Guijosa
obtuvo en 1994 el Premio DEMAC por su obra
autobiográfica *Altar de muertos. Memorias de un mestizaje.*
Durante catorce años mantuvo la columna mensual Querido
Diario en la revista *Fem.* Ha publicado crónicas, ensayos,
cuentos y algún poema. Desde 1992 coordina talleres de
creación literaria. En Paidós ha publicado *Escribir nuestra
vida* y *Mujeres de cierta edad.*

Berta Hiriart
escribe y dirige obras dramáticas, inventa relatos,
incursiona en el ensayo y coordina talleres de escritura
creativa. Ha publicado alrededor de veinte títulos, algunos
de los cuales han merecido premios y traducciones. Sus
obras teatrales han sido montadas, además de por ella
misma, por directores tanto de México como de otros
países. Actualmente es integrante del Sistema Nacional de
Creadores (Fonca-Conaculta).